피안으로 가는 길

피안으로 가는 길

초판 1쇄 발행 2020년 8월 26일

지은이 도견
펴낸이 이희섭
펴낸곳 (주)씨피엔

디자인 박예은
편집 박예은, 이현
교정 양수진
마케팅 고은빛

주소 경기도 부천시 부일로205번길 47, B2 (상동, 서진프라자)
신고번호 제2017-000084호
대표전화 02-899-5485

ISBN 978-89-92381-18-5(03810)
값 14,000원

ⓒ 도견 2020 Printed in Korea

잘못된 책은 구입하신 곳에서 바꾸어 드립니다.
이 책의 전부 또는 일부 내용을 재사용하려면 사전에 저작권자와 펴낸곳의 동의를 받아야 합니다.

이 도서의 국립중앙도서관 출판예정도서목록(CIP)은 서지정보유통지원시스템
홈페이지(http://seoji.nl.go.kr)와 국가자료공동목록시스템(http://www.nl.go.kr/kolisnet)에서
이용하실 수 있습니다. (CIP제어번호: CIP2020034050)

인사말

　누군가 나의 이름을 물으면 나는 본래 이름 없이 왔다가 아무런 흔적 없이 자연으로 다시 돌아갈 것이니 '자연을 사랑하는 스님'으로 기억되기를 바란다고 이야기하곤 한다.

　인간은 그런 것이다. 자연에서 왔다가 다시 자연으로 돌아간다. 인간 또한 자연의 일부임을 기억하고, 항상 자연에 겸손하고, 자연을 존중하는 삶을 살아야 하는 것이다.
　어린 시절, 유난히 개구쟁이였던 내가 중이 되었다는 이야기를 접한 속세의 인연들은 한동안 황당하기도 했으며, 혹은 납득이 가지 않기도 했다고 한다.
　깡말랐지만 의협심이 강했고 짓궂은 아이였던 나는 학교가 파하면 늘 몇 명의 친구들과 함께 산으로 들로 뛰어다녔다. 눈에 펼쳐진 자연 그대로가 우리의 놀이도구였다. 꽃은 아름다웠고, 초록은 눈부셨다. 숲의 자연과 동물들은 나와 친구들의 눈을 피해 숨바꼭질을 했다. 대체로 남자

아이들은 곤충이나 작은 동물들이 눈에 띄면 절대로 그냥 보내 주질 않았으니, 당시 숲의 모든 식구들은 우리에게 진저리를 쳐댔으리라.

우리는 지천으로 피었던 알록달록 색 고운 꽃들 사이로 붕붕거리며 꿀을 모으던 꿀벌의 날개를 잡아떼고, 바닥에 떨어져 온 힘으로 다시 날고자 뱅뱅 돌던 아픈 꿀벌의 최후를 빙 둘러 쭈그리고 앉아 끝까지 관찰하기도 했다. 어린 내 맘은 꿀벌이 다시 날아올라 내게 침을 꽂을까 싶은 무서움이 컸기 때문이다.

나의 눈에 띈 뱀도 절대로 살아서 집으로 돌아갈 수가 없었다. 우리 개구쟁이들은 작대기로 뱀을 끝까지 쫓았고 때렸다. 제법 덩치가 큰 친구가 뱀의 숨통을 끊어 놓고 나면 뱀이 다시 살아나지 못하도록 껍질을 벗겨서 나무에 매달아 놓기까지 했다. 뱀이 다시 살아나면 친구들과 나를 끝까지 따라와 물 것 같은 불안감에 대한 처방이었다.

그 시절은 유난히 빛나는 자연 속에서 많은 식물과 곤충, 동물들이 우리와 함께 자라고 우리의 친구가 되어 주었다. 이제 와서 생각해 보면 지천으로 펼쳐져 있던 그들에 흠뻑 빠지기도 장난으로 괴롭히기도 하며, 그렇게 성장했던 것이다.

언제나 내게 커다란 품을 내어준 자연으로 오늘의 내가 있음을 알고 있는 이즘에는 어린 날의 짓궂은 장난에 고통을 당했던 많은 곤충과 동식물에 미안한 마음 가득이다. 홀로 그때의 행동이 떠오르면 마음이 아프다가 뉘우치게 되고, 그런 행동의 결과로 오늘의 내가 되어 있는 것은 아닌가 싶다.

흰 눈썹과 살갗에 듬성듬성 보이는 흰 털이 나이를 말해 주는 이즘, 나는 방 안을 윙윙거리는 파리 한 마리의 목숨도 귀하고, 종무소 창가의 화분에 핀 꽃향기에 취해 창문 틈으로 하강하는 꿀벌의 생명도 소중하다는 것을 마음 깊이 느끼고 있다. 심지어 피를 빨기 위해 팔뚝에 내려앉은 모기의 생명조차 귀하므로 함부로 죽일 수 없는 내가 되어 있는 것은 인과응보요, 부처님의 가피이리라.

강원도 철원의 화개산에 위치한 도피안사는 평생을 바쳐 일군 나의 안식처로 오랜 역사와 전통이 오롯이 느껴지는 천년고찰이다. 문화재사찰로서 국보 제63호 철조비로자나불 좌상이 모셔져 있으며, 대적광전 앞마당에 보물 2-23호 도피안사 3층 석탑이 수려하게 자리하고 있다. 자연과 문화재가 어우러진 도피안사는 부처님이 내게 내린 또 다른 가피일 것이다.

사찰 주지의 소임을 위해 분주한 가운데서도 나는 어린 날의 나를 품어 주던 아름다운 자연을 카메라에 담는 일을 멈출 수 없었다. 또한 그런 활동이 생명 사랑과 보호에 대한 신념을 더욱 굳건히 해주기도 했다.

그런 바탕에서 내가 머물고 있는 이곳, 조류의 종수가 가장 많은 철원 지역에서 그동안 굶주리거나 독극물 등 여러 위험환경으로 죽음에 놓였던 천연기념물을 보호하는 등, 생명문화 보호 활동을 꾸준히 해왔다.

내게 살아간다는 것은 타인과 자연에서 분리되어 홀로 가는 게 아니라, 나를 둘러싼 자연과 함께이며, 그 자연에 발자국을 새기는 사람 모두와 함께 해야 하는 것이라 생각한다. 부끄럽기 그지없는 일이지만, 어느새 쌓인 짧은 생각들이 한 권의 책으로 엮어졌다.

 나는 이 글을 접하는 드믄 분들과 함께 생명문화 보존 활동을 고민하고, 함께 전개해 나가며, 진정 자연과 하나 되는 숲을 만들어 가고 싶다. 이름 없는 노승의 짧은 소견을 읽게 될 독자와 노승의 견해에 동참해 주신 많은 분들께 진심으로 깊은 감사의 말씀을 올린다.

강원도 도피안사 주지 **도견** 올림

인사말 • 4

제1부

꽃이 피는 진리

꽃이 피는 진리 • 15

삶의 의미 • 21

깽깽이풀꽃 • 27

반딧불이 • 33

가을바람 • 37

잡초 • 41

길고양이 • 43

야생화 • 47

탐욕의 인과 • 51

문화재 관리 • 53

제2부

출가의 길

출가 · 61
주리반특의 수행 · 65
기도하는 마음가짐 · 69
참선은 실천 · 75
참회의 인연 · 79
화중생련 · 83
지혜와 자비 · 87
화창한 봄날 · 91
삶의 여백 · 95

제3부

사람의 향기

사람의 향기 • 103

무망無望한 아침 • 109

경계儆戒하는 법 • 111

참새처럼 • 117

제로섬zero-sum • 121

하얀 거짓말 • 127

사돈의 8촌 • 133

다른 것과 틀린 것 • 137

배려와 변명 • 139

정, 나누는 기쁨 • 145

제4부

자연과 하나 되어

수륙재 • 153

소중한 인연 • 157

두루미와 인간 • 161

달무리와 멍석 • 165

자연의 습격 • 171

살기 좋은 나라 • 177

세 부류의 인간 • 181

생명 사랑 • 189

도피안사와 나룻배 • 195

꽃이 피는 진리
삶의 의미
깽깽이풀꽃
반딧불이
가을바람
잡초
길고양이
야생화
탐욕의 인과
문화재 관리

제1부 | 꽃이 피는 진리

꽃이 피는 진리

눈부신 봄날이다. 자연이 주는 화사한 선물이다. 이런 기회는 늘 주어지는 것은 아니다. 햇살을 받은 나무와 풀들은 이 봄을 맞아 저마다 자신의 꽃을 활짝 펼치고 있다. 나무도 처음 잎을 피울 때는 각자 색에 맞는 자기 빛깔을 내뿜는다. 한참 가게 되면 초록이 동색이 되는데 처음 잎을 펼쳐낼 때는 그 나무가 지닌 독특한 빛깔을 펼쳐 내고 있다. 가지마다 새로 돋아난 잎들도 그 나무가 지닌 특성을 마음껏 내뿜으면서 찬란한 봄을 이루고 있다.

흔히 우리들이 봄이 오면 꽃이 핀다고 생각하기 쉽지만, 꽃이 피어나기 때문에 봄이 오는 것이다. 꽃이 없는 봄을 우리는 상상할 수 없다. 만약 이 대지에 꽃이 피지 않는다면 봄 또한 있을 수 없다.

꽃은 우연히 피지 않는다. 계절의 순환에 따라서 꽃이 피고 지는 것 같지만, 한 송이 꽃이 피기까지는 인고의 세월이 받쳐 주고 있다.

모진 추위와 더위, 혹심한 가뭄과 장마, 이런 악조건에서 꺾이지 않고 꿋꿋하게 버텨온 나무와 풀들만이 시절인연을 만나서 참고 견뎌온 그

세월을 꽃으로 혹은 잎으로 펼쳐 내고 있는 것이다.

 이와 같은 꽃과 잎들을 바라보면서 우리들 자신은 이 봄날에 어떤 꽃을 피우고 있는지 살펴볼 일이다. 꽃이나 잎만 구경할 게 아니라 내 자신은 어떤 꽃과 잎을 펼치고 있는지 이런 기회에 살필 수 있어야 한다. 꽃으로 피어날 그 씨앗을 일찍이 뿌린 적이 있었던가, 준비된 나무와 풀만이 때를 만나 꽃과 잎을 열어 보인다.

 이것은 꽃이나 사물만이 아니라 인간사도 마찬가지다. 멀리 두고 그리워하는 사이가 좋을 때도 있고 때로는 마주 앉아 회포를 풀어야 정다워지기도 한다. 아무리 좋은 친구 사이라 할지라도 늘 한데 있으면 시들해지기 마련이다. 때로는 그립고 아쉬움이 받쳐 주어야 그 우정이 새롭다.

 요즘은 높은 산, 낮은 산 할 것 없이 산마다 산벚꽃이 장관을 이루고 있다. 늦은 봄에서 초여름에 이르는 이 계절에 온 국토에 산벚꽃이 찬란한 꽃을 피우고 있다.

 산벚꽃을 볼 때면 나무의 지혜를 생각하지 않을 수 없다. 그 자연의 조화와 신비 앞에 숙연해지기까지 한다. 식물은 태어나면서부터 죽을 때까지 한 자리에 붙박여서 살아가는 그런 숙명을 지니고 있다. 자신의 위치에서 한 치도 옮겨갈 수 없기 때문에 꽃과 씨앗으로 자기 공간을 넓혀 간다.

 향기로운 꽃은 벌들을 불러 열매를 맺게 하고 버찌가 달짝지근한 것은 벚나무 자체가 필요로 해서가 아니라 새들을 불러들이기 위해서 그런 조화를 부리고 있다. 새들은 그 버찌를 따 먹고 소화되지 않은 씨앗을 여기저기 배설해 놓는다. 배설된 씨앗에서 움이 터서 온 산에 벚꽃을 피운 것이다. 여기 자연의 조화와 신비가 있다. 이와 같은 식물의 지혜를 우리들은 배울 수 있어야 한다. 이것 또한 봄날의 은혜라고 할 수 있다.

불자들이 가장 많이 외우는 천수경은 절에 의식이 있을 때마다 반야심경과 함께 빼놓지 않고 독송한다. 뜻을 생각하면서 외우면 참 좋은 법문인데 건성으로 외우는 경우도 있다. 천수경에 도량을 찬탄하는 대목에 이런 구절이 있다. '도량청정무아애 삼보천령광차지.' '도량이 맑고 깨끗해서 더러움이 없으면 불법승 삼보와 천룡팔부신장이 이 도량에 오신다'는 뜻이다. 더 줄여서 말한다면 청정도량에는 도량신이 상주한다는 뜻이다.

어느 절에나 그 도량을 보살피고 지키는 도량신이 있다. 이 도량신이 그 도량에서 사는 사람이나 그 도량에 드나드는 사람을 낱낱이 보살피고 지킨다. 도량신은 눈에 보이지는 않지만 도량을 주관한다.

신앙심이 지극한 사람들은 일주문에 들어서자마자 그 도량이 지닌 어떤 분위기를 감지할 수 있다. 식이 맑은 사람들, 정신이 맑고 투명한 사람들은 어떤 절이든지 그 도량에 들어서자마자 그 절 나름의 분위기라든가 그 신성성을 감지할 수 있다.

우리가 도량에서 익히고 닦은 기도와 정진의 힘으로 자기 자신은 물론 가정이나 이웃에게 어떤 기여를 하고 있는지 때때로 점검해 볼 일이다.

절이 생기기 전에 먼저 수행이 있었다. 그렇기 때문에 절에 습관적으로 다니지 말아야 한다. 절에 다닌 지 10년, 20년 됐다는 신도를 보면

다 그런 것은 아니지만, 절을 습관적으로 찾는 경우도 제법 많다.

내가 왜 오늘 절에 가는가, 스스로 물어서 어떤 의지를 가지고 가야 한다. 그래야 자기 삶이 개선이 된다. 삶은 개선되지 않고 행사에만 참여한다고 해서 그 절의 신자가 될 수 있는 것은 아니다.

무엇 때문에 내가 절에 나가는지, 깨어 있어서 의식적으로 그때그때 자신에게 물을 줄 알아야 한다. 그렇지 않으면 일상적인 타성에 젖어서 신앙생활을 하지 않는 사람들보다도 훨씬 어리석을 수 있다.

도피안사에 온 지 30년이 지났다. 그동안 여러 불자들의 신심과 정성으로 현재와 같은 절이 됐다. 그러나 진정한 도량은 눈에 보이는 건물만으로 이뤄지지 않는다.

건물은 한때 있다가도 없어지는 것이다. 이 도량에 사는 사람과 이 도량을 의지해서 드나드는 불자들의 삶이 행복하게 되어야만 비로소 도량다운 도량이 될 수 있다. 스님들은 한때 머물다가 떠나가는 나그네들이다.

그러나 재가불자들은 자신뿐 아니라 자자손손 대를 이어 가면서 그 도량을 가꾸면서 보살핀다. 신앙심이 지극한 여러 불자들이 곧 그 도량의 수호신이라는 말이다. 이 도량에 인연 맺은 불자들 각자의 삶이 행복해야만 이름 그대로 도피안사라는 근본도량이 될 수 있다.

부처님은 '우리는 어디에 의지해 살아야 합니까'라는 질문을 받고, 자기 자신에 의지하고 법에 의지하고(자귀의 법귀의) 자기 자신을 등불 삼고 법을 등불 삼으라(자등명 법등명)고 하셨다. 여기서 법이라는 것은 진리이다. 자기 자신을 등불 삼고 진리를 등불 삼으라는 것이다. 여기에 불교의 진면목이 있다.

　이 눈부신 봄날 새로 피어난 꽃과 잎을 보면서 우리가 험난한 세월을 살아오면서 참고 견디며 가꾼 그 씨앗이 피어나는 진리를 음미허 본다.

삶의 의미

요즘 나는 새삼 고마움을 느끼며 산다. 도시에서도 그렇겠지만 산중에서 살면 날씨의 영향을 많이 받는다. 날이 화창한 날에는 마음이 즐겁지만 우중충하고 비바람이 치면 괜히 우울하다.

날씨가 맑고 청명한 날에는 중고교 시절에 읽었던 시를 떠올린다. 시를 읽으면 마음이 평안해진다.

> 눈이 부시게 푸르른 날은 그리운 사람을 그리워하자
> 저기 저기 저, 가을 꽃 자리 초록이 지쳐 단풍이 드는데
> 눈이 나리면 어이하리야, 봄이 또 오면 어이하리야

서정주의 〈푸르른 날〉이라는 시이다. 시를 읽으면 무뎌진 감성의 녹이 벗겨지는 것을 느낀다.

우리는 험한 세상살이에 우리의 감성이 얼마나 무뎌졌는지 모르게 산다. 도시에서는 달이 뜨는지 해가 돋는지 별이 있는지, 밤이면 불야성을 이루는 환경 자체가 그러니까 더욱 그렇다.

우리는 요즘 눈을 뜨기 무섭게 뉴스에 크게 위축되고 있다. 들리는 소식마다 우리를 몹시 우울하게 한다. 이처럼 들려오는 소식에 휩쓸리다 보면 우리들 자신이 너무 왜소해지고 무력해진다. 살아가는 데 자신을 잃고 끝없이 방황하게 된다. 그러나 이 같은 외부적인 현상이 삶의 전부는 아니다. 시선을 돌리면 보다 긍정적이고 아름답고 향기로운 영역이 얼마든지 있다.

옛 사람들이 어떻게 살았는지 그 자취를 살펴보면 우리들이 배울 바가 참으로 많다. 우리는 내 자신이 어떤 복을 누리고 있는지 돌이켜 볼 필요가 있다.

우리가 일상생활 속에서 내 자신에 대해서 정말 지니고 싶은 복이 있는지조차 생각하고 분별할 겨를도 없이 살았기 때문에 갑자기 생각이 나지 않겠지만, 내게 주어진 복은 어떤 복이며 그것을 어떻게 누리며 살고 있는가를 생각해 볼 일이다.

경전이든 어떤 책이든 건성으로 읽고 지나치지 말고 그것을, 자기 자신의 삶을 그러한 거울에 비추어 볼 수 있어야 한다. 그래야 그 경전이나 그 책을 읽는 의미가 있다. 그런 습관을 통해서 자기 자신의 처지를 되돌아보는 것이다.

산중에서 지내면서도 나날이 새로운 기분을 유지하는 것은 무엇인가 내 뒤에서 내 자신을 받쳐 주기 때문에 그렇지 않을까 하는 생각을 한다.

도피안사의 부처님과 주변에서 제공하는 자연환경이 내 삶을 녹슬지 않게 받쳐 주고 있다는 사실이 새삼 아주 고맙게 여겨졌다. 우리는 때때로 한가한 시간에 자기 삶을 녹슬지 않게 받쳐 주고 있는 복이 얼마나 되는지 살펴볼 필요가 있다.

　사람들은 누구나 바쁜 일상 속에도 마음 한가운데에서는 시간적으로나 공간적으로 한적한 삶을 누리고 싶은 꿈을 지니고 있다. 그런 꿈을 지니고 있다는 사실 자체가 아주 맑고 따뜻한 가슴을 지니게 한다.

　언제 현실로 이어질지 알 수 없는 희망이지만 미래를 설계하는 상상만으로도 현재의 삶은 아주 힘이 솟아나고 그런 순간 주변에 있는 모든 것들에서 고마운 마음을 느끼는 것이다.

　우리 둘레에 자연은 무수히 있다. 그런데 우리가 주변을 살펴보지 않기 때문에 내 일상생활과 연결이 안 되는 것이다. 맑은 바람과 밝은 달을 즐길 줄 아는 사람은 흔하지 않다. 또 맑은 바람과 밝은 달이 늘 있는 것도 아니다.

　한번 지나가 버린 것은 다시 되돌아오지 않는다. 보름달을 볼 때 나이 든 사람은 저절로 생각을 한다. 내 남은 평생에 둥근 달을 몇 번이나 볼까.

　강산은 본래 주인이 따로 없다. 그것을 보고 느끼면서 즐길 줄 아는 사람만이 강산의 주인이 된다. 이와 같이 우리 둘레는 우리가 관심을 안으로 기울이면 우리의 삶을 보다 풍요롭게 하는 것들이 무수히 있다. 그런데 눈을 밖으로만 돌리기 때문에 그것에 얽매어 삶을 제대로 이루지 못한다.

　우리 둘레는 무진장한 고마운 자연이 기다리고 있다. 우리를 위로하고 감싸 주고 먹여 주는 자연이 널려 있다. 그런데 정신을 밖으로만 쏟으니 있는지 없는지 관심조차 없다. 그렇기 때문에 이 좋은 날 스스로 목숨을 끊는 사람들이 무수히 있지 않은가. 고뇌를 이기지 못해서 자살하는 사람이 오늘도 있을 것이다. 우리나라의 자살률이 OECD 국가 중 1위라고 한다. 단 하나밖에 없는 자신의 귀중한 목숨을 스스로 끊고 있는 것이다.

그런데 지금 이 순간에도 병원에서 사경을 헤매는 환자들은 단 몇 분만이라도 생명을 유지하기 위해서 산소호흡기를 떼지 못하는 상황에 있다. 그 가족들 또한 단 몇 분만이라도 살아 있기를 소망하는 사람들이 얼마나 많겠는가. 이런 존엄한 목숨을 너무 무가치하게 내팽개치고 있다는 사실이 아쉽다.

자기 혼자만을 위해서 살거나 죽는 것은 자랑스러운 일이 못 된다. 이유가 어디에 있든 자기 혼자만을 위해서 목숨을 내던진다는 것은 수치스러운 것이다. 사람은 혼자만 사는 존재가 아니다. 시간적으로나 공간적으로나 사람은 가족과 친지들과 수많은 이웃들과 함께 삶의 흐름을 이루고 있다.

스스로 자기 목숨을 끊는다고 해서 고통스러운 일들이 다 해결되는 것인가. 죽음은 결코 끝이 아니다. 또 다른 삶의 시작이라는 사실을 깊이 헤아려야 한다.

우리는 한 생애를 거치는 동안, 특히 감성이 예민한 젊은 시절에는 자살의 충동을 가질 수 있다. 그렇지만 지나고 보면 그럴 만한 이유도 아닌

데 한때의 고뇌의 늪에 갇혀서 헤어나지 못해 그런 생각을 하는 것이다.

우리가 겪고 있는 막막한 고통은 늘 지속되는 것이 아니다. 흐린 날이 있으면 반드시 맑은 날이 있듯이 삶은 고정되지 않고 늘 유동적이다. 모든 것은 영원하지 않고 늘 변한다. 외부적인 상황도 변하고 내면적인 생각도 변한다.

어제는 죽고 싶다가도 오늘은 살고 싶어 하고. 자살의 충동을 느끼는 사람들은 자신이 겪고 있는 고통이 끝없이 이어질 것 같은 절망감에서 뛰어내리는 것이다. 그것은 한때인데, 절망감에 도중하차하는 것이다.

그 막막한 한때의 덫에서 맑은 정신으로 인간사를 널리 살필 수 있었다면, 한때의 외골수 생각에서 벗어나서 보다 넓은 시야로 자신의 삶을 새롭게 시작할 수 있었을 것이다.

궂은일이건 좋은 일이건 어디까지나 그것은 한때일 뿐이다. 우리가 여러 가지 우환이 있을 때 영원히 지속될 것 같지간 그것은 한때이다. 모든 것은 고정되어 있지 않고 늘 변한다.

누구나 세상 살다 보면 어려운 일에 닥치지 않을 수 없다. 그런 경우 혼자서 해결하려 하지 말아야 한다. 혼자서는 일방적인 고정관념 때문에 그 늪에서 헤어 나오기 어렵다. 만약 자살하기 전에 좋은 벗이나 좋은 스승이거나 자기 짐을 덜어 놓을 수 있는 대상이 있었다면 그런 끔찍한 선택은 하지 않았을 것이다.

열반경에 맹귀우목盲龜遇木이라는 말이 있는데. 중생이 사람의 몸을 받아 세상에 나오기가 어렵고 불법을 만나기가 아주 어렵다는 것을 비유한 말이다.

  헤아릴 수 없이 아주 오래 사는 눈먼 거북이가 바다 가운데 있으면서 천 년마다 한 번씩 물 위에 목을 드러내는데, 목을 내밀 그때에 마침 구멍이 뚫린 나무가 물결을 따라 다니다가 요행이 눈먼 거북이의 머리가 나무 구멍 사이로 밀고 나와야 목을 걸고 숨을 쉬게 된다는 전설이다. 사람이 사람의 몸을 받고 불법을 만나기가 이렇게 어렵다는 뜻이다.

  사람은 살 만큼 살다가 제 목숨이 다하면 몸을 바꾼다. 영원히 사는 사람은 아무도 없다. 제 명대로 살다가 가는 것이다. 이것은 지극히 자연스러운 생명의 현상이다.

  우리는 지금 살아 있다는 사실에 감사할 줄 알아야 한다. 이 고마움을 세상과 함께 나누기 위해서 자신 안으로 깊이 들어가 소중한 삶의 의미에 대해서 생각해볼 일이다.

깽깽이풀꽃

철원 화개산에 봄이 오면 삼라만상은 노루귀, 복수초, 삼지구엽초, 특히 깽깽이풀꽃을 앞세워 도피안사를 깨우듯 야생화를 선보인다. 햇볕이 따스한 4월 초순 무렵이면, 마치 작은 요정들이 날개를 접고 너려앉은 듯 우아하면서도 화려한 연보라색의 깽깽이풀꽃을 볼 수 있다.

30여 년 전 도피안사에서 맞이하던 첫봄, 쌀쌀한 봄볕을 받으며 쌓여 있는 낙엽 속에서 피어오른 연보랏빛 깽깽이풀꽃과의 만남은 지금도 가슴 설렌다. 도피안사를 품은 화개산花開山은 한자漢字에서 브더라도 보면 볼수록 정겨운 야생화의 세계에 점점 빠져들게 하는 마력이 있다.

첫눈에 반한다는 말이 어찌 사람에게만 해당하겠는가. 봄볕을 머금고 투명하게 하늘거리는 꽃잎에서 눈길을 뗄 수 없어 내내 짝사랑해 온 꽃이 바로 '깽깽이풀꽃'이다. 깽깽이풀은 꽃은 물론 꽃봉오리, 잎사귀까지 어느 하나 이쁘지 않은 데가 없다. 한순간에 사람의 마음을 사토잡을 정도로 아름다운 꽃의 이름이 하필이면 깽깽이풀인가?

우리나라에는 약 4천여 종의 야생화가 있는 것으로 알려져 있다. 이

들 이름은 식물 전체의 느낌이나 색깔, 생태적인 습성, 사람과의 관계, 동물을 비유한 것, 자생지, 전설이나 설화 등에서 유래한다고 한다.

깽깽이풀이라는 이름에는 여러 가지 설이 있다. 그중 황련黃蓮이라고 불리는 이름은 뿌리가 노랗고 잎은 연잎과 비슷한 데서 왔다. 또 깽깽이라는 이름의 유래는 깽깽이풀 씨앗의 밀선(꿀샘)을 먹기 위해 개미들이 이리저리 옮겨 놓은 곳에서 싹이 올라온 풀들이 마치 깨금발로 뛴 것처럼 듬성듬성 무리를 지어 자라고 있는 데서 연유한다.

깽깽이풀은 마자나무과의 여러해살이풀로 산림청에서는 희귀식물로 지정하여 위기종으로 분류 보존하고 있다. 꽃이 너무 아름다워 사람들이 관상용으로 쓰거나 그 뿌리를 한약재로 쓰기 위해 무단 채취하거나 무분별하게 훼손해 점차 그 자생지가 사라지고 있기 때문이다.

요즘은 정보의 범람으로 무엇이든 좋아하건 누구나 그것을 공유할 수 있고 또 가질 수도 있다. 그래서 한편에서는 정성껏 가꾸고 보호하고자 하는 사람이 있는가 하면 관심이 지나쳐 소유하고자 무차별 훼손하기도 한다. 야생화도 예외가 아니다.

깽깽이풀꽃을 보려면 바닥에 엎드려야 하는데 심장이 땅에 맞닿는 순간 짙은 흙냄새와 함께 하늘하늘 여린 연보랏빛 꽃잎의 숨결을 느낀다.

자세히 들여다보면 원줄기가 없이 뿌리줄기에서 여러 개의 잎줄기와 꽃줄기가 나온다. 봄철 꽃들은 키 큰 나뭇잎이 무성해지면 햇빛을 받을 수 없으므로 씨를 맺기 위해서라도 서둘러 꽃을 피우기 마련이다. 잎보다 꽃이 먼저 피는 깽깽이풀도 그렇다. 봄에 새로 올라오는 꽃봉오리와 뒤따라 돋아나는 이파리는 모두 자줏빛이다.

봄 하늘빛이 청명하고 맑은 날에 깽깽이풀 꽃잎을 들여다보노라면 연보랏빛이 선연하게 빛나는 자연의 신비로운 색에 그저 감탄이 절로 나온다. 구름이 해를 가리거나 바람이 불어 나뭇잎이 잠깐씩 햇빛을 감출 때 깽깽이풀은 더욱 앙증맞은 표정을 짓는다. 피어 있는 시간이 짧아 오래 볼 수 없음이 못내 아쉽다.

깽깽이풀은 잎사귀가 파릇파릇 돋아 나올 때면 잎이 서로 마주 보고 반으로 접혀 올라왔다가 둥글게 펼쳐진다. 잎자루가 잎의 중간에 달린 것이 연잎을 축소한 모양인데 이 잎들도 연잎처럼 물에 젖지 않아 물방울이 굴러 떨어진다.

저절로 나고 저절로 번식하는 풀꽃은 없다. 바람으로 씨앗을 번식하는 꽃도 있지만, 깽깽이풀은 씨앗에 아주 작은 꿀샘을 만들어 개미를 유인하여 정해진 길을 따라다니는 개미가 자기 집으로 가는 도중에 씨앗을 떨어뜨리게 한단다. 실제로 개미가 지나간 듯 듬성듬성 줄지어 피어 있는 꽃을 통해 서로 생명 나눔을 본다.

이처럼 작은 생명체가 움직여서 숲을 아름답게 가꾸고 지켜 내는 것에서 우리는 자연을 보호한다면서 끝없는 욕심으로 훼손하고 있는 게 얼마나 많은지 돌이켜 볼 일이다. 그러므로 멸종 위기에 있고 보호가 필요한 야생화의 자연 서식지는 사람들이 공유하지 않는 게 좋겠다.

대부분 사람은 이해타산에 집착하여 나 하나쯤은 괜찮겠지 하는 욕망에 갇혀서 산다. 이런 욕심의 축적이 가져온 피로사회에 얽혀 항상 긴장해 있는 사람들에게 가장 필요한 것은 휴식이다.

　단지 아무것도 하지 않는 휴식이 아닌 머리도 맑아지고 마음도 편안해지는 자연이 주는 신비한 선물과도 같은 휴식이 진정 필요하다.

　지금 우리나라의 산하 어디를 가더라도 파스텔화처럼 펼쳐지는 자연이 선사하는 풍경을 오랫동안 보려면 작고 미세한 두정물일지라도 생명 있는 것은 모두 내 목숨처럼 아끼고 존중해야 하리라.

반딧불이

반딧불이 하면 떠오르는 몇 가지 기억이 있다. 시골이면 어디서나 쉽게 볼 수 있었던 그래서 누구나가 다 갖고 있을 법한 어릴 적 추억이다.

한여름밤 하늘을 홀리듯 이리저리 날아다니다가 논두렁이나 풀밭에 앉아 기어 다니던 벌레를 잡아 담아 동무들과 신기해하며 넋을 잃고 쳐다보던 모습이 아직도 생생하다.

시냇가나 논은 물론 집 근처에서도 쉽게 볼 수 있었던 수많은 벌레들이 지금은 다 어디로 갔을까? 사라진 그들의 숫자만큼이나 많던 빈자리는 아마 사람들로 채워지지 않았을까?

50, 60년 전 경제개발과 농어촌 잘살기 운동이 일어나고 더불어 급격하게 늘어나는 인구를 먹여 살리기 위해 더 많은 식량이 필요했고 지금까지 해 오던 방식에서 벗어나 증산을 위해서라면 물불 가리지 않았던 정책들이 지금은 부메랑이 되어 돌아왔다.

무분별한 각종 농약의 사용과 생활폐수들이 물을 오염시키고 1급수에서만 살 수 있다는 우렁이나 다슬기를 중간 매개체 삼아 살 수 있었던 반딧불이는 결국 우리 곁에서 멀어지고 말았다.

다행인 것은 아직 멸종하지 않았고 청정지역을 유지한 전국 몇몇 곳에 가면 지금도 여름이면 밤하늘 도깨비불과 같은 장관을 볼 수 있다는 것이다. 대표적으로 전북 무주가 보호지역으로 지정되어 있지만 강원도 깊은 산골에서도 수는 많지 않지만 볼 수는 있다.

얼마 전 영월 법흥사와 가까운 무릉도원면의 작은 계곡에서 우연히 보았던 반딧불이를 보고 얼마나 기뻤던지. 강원도뿐이겠는가? 물이 오염되지 않아 반딧불이 애벌레가 먹을 수 있는 다슬기나 우렁이 등이 있는 곳이라면 전국 어디라도 그들이 돌아올 수 있는 가능성은 높다. 옛날 한강 중상류에서도 많이 살았던 다슬기를 다시 살려 내는 것이 우리의 급선무일 것이다.

한문을 배우면서 알게 된 고사성어도 있다. 형설지공螢雪之功이라든가 주경야독晝耕夜讀, '개천에서 용 난다' 등은 모두 반딧불이와 관련된 말이라 할 수 있다.

예나 지금이나 빈부의 차는 있어 어렵게 공부할 수밖에 없었던 사람들은 있다. 추운 겨울에는 흰 눈을 퍼다 어둠을 밝히고 여름에는 반딧불을 등불 삼아 열심히 공부해 출세를 했다는 이야기는 신선한 충격이었고 꿈이 되었다.

아무리 어려운 환경에서도 굴하지 않고 목표를 세워 뜻을 이루려 노력한다면 안 될 것이 없다는 교훈은 많은 이들의 가슴에 새겨졌을 것이고 희망이라는 불빛을 따라 살 수 있었다.

요즘 세상에서는 꿈같은 지난 이야기가 되어 가는 것 같아 쓸쓸하게 웃지만 나이를 먹어서가 아니라 옛날이 좋았던 것도 분명 있다. '빈익빈 부익부' '양극화 현상' '부의 세습과 가난의 대물림' 등이 이미 국가적 문제가 되었고, 점점 결혼을 하지 않는 젊은이들이나 결혼을 했어도 아이를 낳지 않는 부부들도 늘고 있다.

당장 자신들의 삶이 고달프고 미래에 대한 불확실성이 이런 결과를 초래하는데, 노동 인력이 절대적으로 줄어들면 그만큼 국가 경쟁력도 떨어져 이를 해결하지 못하면 더 큰 문제가 되리라는 것은 불 보듯 자명한 일이다.

이 도령과 춘향이의 사랑이나 온달장군과 평강공주의 사랑 이야기 모두 부질없는 한낱 고전에 그치게 되면 이 사회가 얼마나 삭막하고 살벌해질까? 가난하거나 많이 배우지 못한 사람들은 스스로 일어설 기회조차 박탈당하고 불평등의 사회로 내몰리고 있다.

인생은 남을 이기거나 죽여야 내가 사는 격투기나 스포츠가 아니다. 인간은 누구나 행복할 권리가 있고 이를 위해서 개인이나 사회, 국가 모두가 더불어 사는 사회를 만들어 가는 노력을 해야 할 것이다.

가난했고 배고팠던 옛날이 그립고 더 좋았다고 느끼는 것은 추억이어서가 아니라 모두가 비슷했고 평등했기 때문일 것이다. 꽁무니에서 반짝이며 불빛을 내는 반딧불이의 빛은 전깃불보다 밝아서가 아니라 꿈이 있어 좋아했고 그리운 것이다.

나이 들면 추억을 먹고 산다는 말까지는 애교로 받아들일 수 있지만 젊은이는 꿈을 먹고 사는 세상이 되었으면 좋겠다. 유토피아는 아니더라도 열심히 일하고 노력하면 행복해질 수 있다는 믿음을 줄 수 있다면 형설지공이라는 고사성어가 더 이상 고사성어에 그치지 않고 현실이 되었으면 한다.

 더불어 세계적으로 유행하는 코로나19 바이러스가 다가오는 여름 반짝이는 반딧불이 불빛을 따라 어둠 속으로 사라지기를 염원한다.

가을바람

아침저녁이면 쌀쌀한 기운이 감돈다. 바람은 하늘 가운데로 뭉게구름을 몰고 와서는 텅 비었던 마음 한 곳을 채운다. 봄이 오는가 하면 여름이고 가을이 가는가 하면 어느새 겨울이다.

다투어 피어나던 봄꽃이 지는가 하면 여름의 꽃들이 피어나고 조용히 가을 국화꽃은 또 피고 지고, 어느덧 겨울은 눈꽃으로 세상을 하얗게 덮어 버린다.

세상에 존재하는 모든 것은 제행무상諸行無常이라. 세상의 이치를 따르고 있는 자연을 보면 어떻게 살아야겠다는 다짐을 하게 된다.

그러나 어느 때부터인가 게으름이 생기고, 가까이 있는 사람들에게 함부로 말하지 않았는지, 다른 사람들의 아픈 마음을 감싸 주지는 못하고 잘못만 나무라고 상처는 주지 않았는지 되돌아보게 된다.

어디만큼 와서 어디에 서 있는지 잊고 살아왔는데, 이제라도 자연의 순리대로 풀어 가는 사람이 되어야겠다.

바람을 타고 하늘 속에 피어나는 구름, 철 따라 피는 꽃과 지저귀는 새들, 수륙水陸에 사는 뭇 생명들의 생성과 소멸을 보면서 한 가지 노욕老慾을 부려 본다면, 남은 생을 잘 마무리하여 저 아름다운 자연의 품으로 돌아가는 것이다.

어느덧 파랗던 나뭇잎은 낙엽이 되어 거리 여기저기 나뒹굴고 있다. 이맘때쯤 되돌아가고 있는 계절의 순환은, 멀고 먼 인생의 뒤안길을 돌아서 무언가 잊고 살아온 사람에게는 한때 삶의 절정이었던 지난날을 떠올리게도 한다.

지금, 화개산 깊어 가는 가을 숲에서는 조용한 바람이 불어온다. 이제 그동안 많은 생각과 격정 속에서 살아온 삶의 빗장을 열고 온 우주 만상에 존재하는 모든 생명과 조화로운 나날들이 펼쳐지기를 희망해 본다.

잡초

아무도 찾지 않는 바람 부는 언덕에
이름 모를 잡초야
한 송이 꽃이라면 향기라도 있을 텐데
이것저것 아무것도 없는 잡초라네

사랑하는 사람을 향한 자신의 처지가 초라함을 빗대서 노래한 유행가 '잡초'의 가사이다. 잡초의 사전적 의미는 가꾸지 않아도 저절로 나서 자라는 여러 가지 풀이다.

이 말은 인간이 생겨 나와 경작하기 전까지는 그냥 풀이었는데, 수렵 생활에서 농경사회로 넘어오면서 씨앗을 뿌리고 가꾸다 보니 농작물들의 생장을 방해하고 수확에 지장을 주게 돼 인간에게는 제거해야 할 불필요한 풀 '잡초'라는 누명을 쓰게 된 것이다.

그러나 이 세상에 불필요한 존재는 없다. 한번 번지면 밭을 망쳐 버린다는 개망초도 봄에는 새싹을 나물로 먹을 수 있고 군집을 이뤄 하얗게 핀 꽃은 솜이불처럼 포근한 느낌을 주기도 한다. 물이 수초가 없으면 물이 썩어 물고기가 살지 못하고 산에 풀이 없으면 나무가 살지 못한다.

나라의 근간을 이루는, 그러나 힘없는 백성들을 민초라 한다. 백성 없이 왕과 신하 몇 명으로 이루어진 나라가 어디에 있으며, 궂은일 험한 일 하는 이 없는, 사원 없는 회사를 보았는가?

세상에 부자만 있다면 그들의 삶은 행복할 수 없다. 가난한 이들이 있어 그들이 돋보일 뿐이다. 한 개의 작은 티끌에도 우주가 들어 있다는 일미진중 함시방一微塵中 含十方이나 하나에 일체가 있고 일체는 하나에 있다는 일중일체 다중일一中一切 多中一 모두 같은 의미일 것이다.

태고에는 없었던 인간의 욕심이 잡초라는 경계를 만들고 그 잡초가 없으면 살 수 없다는 것도 깨닫지 못한 채 무명 속을 헤매고 있다면 이 얼마나 어리석은 일인가?

이 세상에 불필요한 것이 없듯 귀하지 않은 것도 없다. 내가 귀하면 남도 귀한 것이다. 인간을 위해 자기 몸을 태운 연탄재조차 발로 차지 말라 했다. 잡초가 하찮은 존재인가? 잡초가 없으면 이 세상도 존재할 수 없다.

길고양이

 언제부터 길고양이라는 이름을 붙여 줬는지 잘 모르겠다. 야생고양이든 집 나간 고양이든 농촌 마을에 주인 없이 돌아다니는 고양이들은 모두 도둑고양이라 불렀고 쥐나 족제비, 삵 등과 같이 농가에 피해를 주는 유해동물로 취급되어 퇴치의 대상이 되기도 했었다.

 하루는 마을 어른 여럿이 모여 도둑고양이를 잡는다며 몽둥이를 들고 서 깨지고 낮게 뚫린 굴득 주위를 둘러싸고 서 있었다. 고양이가 쫓기다가 굴뚝 안으로 숨었는데 나오기를 기다리는 것이었다.

 퇴로를 차단하고 아궁이 쪽으로 간 사람이 불을 때면 고양이가 밖으로 튀어나올 때 잡겠다는 작전이었다. 잠시 침을 꼴깍이면서 지켜보는데 갑자기 기합소리와 함께 몽둥이가 동시에 내려쳐지면서 고양이가 나뒹굴었다. 어른들의 함성이 들림과 동시에 고양이는 그 자리에서 죽어버렸다.

 고양이가 불쌍했지만 키우는 닭들을 잡아먹고 준였다 하니 어쩔 수 없는 일이라 생각했다.

지금 같으면 동물학대법으로 처벌받을 수 있는 일이겠지만 당시는 지금과 상황이 많이 달랐다.

요즘은 거리를 다니다 보면 길고양이들의 천국 같다. 어디를 가도 고양이들로 넘쳐 난다.

도피안사 절 주위에도 길고양이 몇 마리가 영역 싸움까지 해 가며 살아가고 있다. 발정기일 때는 아기 울음과 비슷한 소리가 한동안 들려오고, 때로는 영역 다툼을 벌일 때 들리는 시끄러운 소리가 마냥 좋지만은 않다. 그러나 언제부터인가 요사채 주위를 계속 맴도는 길고양이에게 먹이를 주는 게 일과 중 하나가 되었다.

미국은 국립공원 내에서 야생동물들에게 먹이를 주면 벌금을 물릴 정도로 엄격히 금하고 있고, 우리나라도 미국만큼은 아니지만 주지 못하게 경고하고 있다.

나날이 증가하는 길고양이들에게 먹을 것이 부족하니 먹이를 줘야 한다는 측과 자연의 순리에 맡겨 야생동물로 살아가게 해서 그들 스스로 개체수를 조정하게 해야 한다는 측의 의견이 팽팽하다.

사람들에게 의지해 편하게 먹이를 얻어먹든, 힘들어도 사람들의 간섭 없이 야생으로 살아가든 길고양이들의 삶이 행복했으면 좋겠다.

야생화

사계절이 뚜렷한 우리나라는 전 세계에서도 살기 좋은 나라로 손꼽히고 비단에 수를 놓은 듯 아름다운 국토는 예로부터 '삼천리 금수강산'이라는 수식어가 따라다닌다.

국토의 70%를 차지한다는 산은 물론 들이나 강가 어디를 가도 수많은 꽃이 계절에 따라 제각각의 모습으로 피어 선을 보인다.

내가 있는 철원 지역에도 금학산과 고대산이 있어 이른 봄부터 야생화를 보려고 찾는 산객들이 많다. 십여 년 전 포행 삼아 올랐던 금학산 등산로 주위에 피어 있던 예쁜 꽃들, 특히 버려진 폐타이어를 보듬고 뿌리를 내린 자주색을 띤 현호색꽃의 생명력에 경외감마저 들었던 기억이 아직 남아 있다. 평야 지대를 이루고 있는 들판의 논두렁 밭두렁에도 수많은 꽃이 피어나는 것은 물론이다.

옛날에는 산소山所마다 여기저기 무리를 이뤄 피던 할미꽃도 많았는데 무분별한 채척로 씨를 말려 쉽게 볼 수 없게 된 것은 아쉽다.

시인 이상화의 〈빼앗긴 들에도 봄은 오는가?〉를 읽지 않았더라도 황량한 만주 벌판에서 나라를 되찾으려고 온갖 고생을 이겨낸 독립투사들은 조국의 고향 산천에 봄이면 피어나던 아름다운 꽃들을 잊을 수가 없었을 것이고, 그 빼앗긴 봄을 찾으려고 목숨을 바쳐 싸웠을 것이라는 생각도 든다. 한낱 보잘것없는 작은 들꽃이라도 누군가에게는 없어서는 안 될 소중한 존재일 수도 있는 것이다.

도피안사 신도 중에 가끔 세상살이를 이야기하는 한 처사는 야생화를 좋아해서 매년 봄이면 청평 화야산에 흰 얼레지와 노루귀꽃을 보러 다닌다고 한다.

하루는 처사가 내게 무엇인가 따질 듯이 찾아와서는 설악산 공룡능선이란 곳을 가서 바위 절벽에 피어 있는 하얀 에델바이스를 발견하고 기분 좋게 사진을 찍는데 지나가던 한 남자가 저 꽃은 에델바이스가 아니고 서양 솜다리꽃이라고 아는 체를 하더란다.

야생화에 어느 정도 지식이 있던 처사가 서양 솜다리든 산 솜다리든 영어로 하면 에델바이스지 굳이 아니라고 할 것은 아니라며 그럼 토끼풀과 클로버가 무엇이 다르며 장미와 로즈는 어떻게 다른가 묻자 그냥 가버리더란다. 그러면서 별 희한한 사람을 봤다며 투덜거렸다.

처사의 말이 맞다고 장단을 맞추려다가 출가자로서 할 말을 한마디 하고야 말았다.

본래 이름이 없던 것을 인간들의 편리를 위해 구별하고 이름을 붙여 상을 만든 것에 불과할 뿐이니 그게 서양 솜다리든 에델바이스든 상에 사로잡히지 말 것을 권하니 큰절을 한다.

세상을 보는 색깔도 제각각이다. 인간은 모든 색을 구별하는 반면 흑백만 구별하는 사자도 있고 눈이 퇴화하여 초음파로 물체를 구별하는 박쥐도 있다. 색깔이란 것도 본래 있었던 것이 아니고 허상을 입고 있을 뿐이다.

아직도 지구상에는 인간들에 의해 알려진 것보다 모르는 것이 더 많을 수 있다. 아는 것이라 하여 이름이 있고 모르는 것이라 하여 이름이 없는 것은 아니다. 다만 그것도 인간에 의해서 일시적으로 상을 덮어쓰고 있다는 것을 자각한다면 그 허상에서 벗어나게 될 것이다.

부처님께서는 상을 만들지 말라고 하셨고 성경은 우상을 섬기지 말라고 가르친다. 사물을 있는 그대로 보면 편견이 들어설 자리는 없어진다. 사람을 사람으로 보면 될 것을 잘났느니 못났느니 있느니 없느니 이분법적으로 구별하여 상을 만들지만 않는다면. 지천으로 피어나는 수많은 야생화는 이름을 몰라도 제각각 어여쁘다.

탐욕의 인과

구제역口蹄疫으로 나라가 시끄러운 적이 있었다. 몇백만 마리의 가축이 매몰되었고 더욱이 살아 있는 채로 매장되었다는 점은 매우 충격적이었다. 무분별한 매몰은 결국 우리에게 환경오염을 안겨 주었다.

우리나라뿐만 아니라 국제적으로도 엄중한 주의와 관리가 필요한 질병으로 분류되어 있는 구제역 바이러스는 자연계 외부상태에서는 그다지 생존력이 높지 않지만 전파력이 매우 강하고, 감염 초기에는 병든 가축에서 대량의 바이러스가 방출된다고 알려져 있다.

구제역 바이러스는 특정 기후에서 공기를 타고 가깝게는 10㎞, 멀게는 60㎞까지 퍼지고, 바다에서는 훨씬 더 멀리 전파된다고 한다.

동물 생명권에 대한 진지한 논의는 제쳐 두고라도 동물의 대량 매몰 방식은 환경오염에 많은 문제점을 남겼다. 이런 사회재난 상황의 배경에는 생태계가 지닌 역사성을 무시하는 육식문화와 더불어 이를 뒷받침하는 밀집 사육도 한몫을 한다고 생각된다.

지구에 인류가 등장한 이래, 산업사회가 되면서 급격히 인구가 증가

하고 개발국가들의 식생활 습관이 동물성 단백질 소비를 부추겼다.

이는 자연생태계에 큰 영향을 미쳤고, 질병의 발생과 유행형태가 과거와 달라진 것은 결코 특이한 현상이 아니다. 잘 알려진 바와 같이 질병의 발생과 유행은 단순히 생물학적 원인만이 아니라 사람과 동물은 역학적疫學的 유기적有機的으로 깊은 관계가 있기 때문이다.

결국 질병의 발생과 창궐은 인간 중심의 탐욕이 원인인 것이다. 이런 상황에서 불자라면 인간이 지닌 탐욕의 인과를 보면서 부처님 가르침인 생명존중에 대해 다시 한번 깊이 돌아볼 일이다.

모든 생명체는 죽음을 맞이한다. 생명의 탄생은 죽음을 전제로 한다. 또한 모든 존재는 서로 유기적으로 연결되어 있으며 영원한 것은 없다. 그러므로 불교의 핵심인 중도불이, 생사일여의 생명존중 사상은 지구의 안녕과 평화를 가져오는 이 시대에 필요한 기본사상이다.

불교에서 방생의 진정한 의미는 무명과 탐진치로 인해 죽어 가는 우리 자신을 성찰함으로써 스스로를 방생放生하며 대자유의 세계로 나아가는 것이다.

따라서 저 대자연과 조화로운 삶을 살며, 지금 우리 눈앞에서 일어나고 있는 탐욕의 인과인 업장을 소멸하는 길은 지금 당장 육식과 살생을 금하는 것뿐이리라.

문화재 관리

문화재청은 그동안 1차원적인 문화재 관리 시스템에서 벗어나고자 많은 노력을 기울였다. 특히 정재숙 청장 시대로 접어들면서 2차원적인 유형적 관리 시스템에서 벗어난, 소위 말하는 국민 참여 방식의 문화재 관리시스템을 개발하고 보급하는 데 주력했기 때문이다.

현장의 목소리도 크게 다르지 않았다. 지난 1주일간 코로나 사태로 시끄러운 틈을 타서 가능한 문화재 현장을 돌아보고자 했다. 주로 경상도 지역을 답사하였는데, 불사 위주의 문화재 관리 시스템은 많이 개선된 듯했다.

우리나라 문화재의 70% 정도가 불교를 기반으로 하는 문화재다. 그렇기 때문에 사찰과의 유기적 협조는 무엇보다도 필요하다.

일부에서는 무분별하게 불사 위주로 문화재 관리가 진행된다고, 관리 주체인 스님들에게 문화재 관리 행정이 늘 끌려다닌다는 평가가 있어온 것도 사실이다.

하지만 이런 평가도 상당히 공정해졌다. 일선의 스님들조차 불사 위

국보 제63호 도피안사 철조비로자나불 좌상

주의 문화재 관리 시스템의 폐해를 지적하는 사찰이 점점 늘어나고 있다. 물론 노스님들이 퇴진을 하고 스님들 자체가 젊어졌다는 우호적인 느낌을 제외하더라도 많은 부분에서 진일보했다는 것은 사실이다.

이제 불사 위주의 문화재 관리 시스템은 국민들로부터 외면을 받을 수밖에 없다. 종교적 편향과 괴리라는 평가 또한 무시할 수 없다.

기독교 및 타 종교에서 보기에는 문화재를 빙자한 특정 종교의 예산 지원으로 비추어질 수밖에 없는 것도 어쩔 수 없는 현실이기에, 이제 투명하고 공정해야 한다는 것은 정치권과 더불어 문화재청의 또 다른 과제이기도 할 것이다.

문화재는 그대로 놓고 보고, 안전과 보호를 핑계로 벽장에 가두어 놓고 보호라는 장막에 가두어 놓을 수 없는 시대적 과제를 안고 있기도 하다. 이제는 그 예산의 주체들에게, 근본적으로 모든 예산은 국민들로부터 나오는 것이기에 문화재를 국민들에게 돌려줘야 한다는 목소리가 힘을 얻어 가고 있다.

문화재를 관람하고 즐기기 위해 찾아오는 국민들에게 가능한 모든 편의를 제공해야 한다. 스님들은 불교 문화재이기 이전에 우리 국민들의 문화재라는 인식을 가져야 한다. 물론 신행물이기에 주체적인 주인 의식은 필요하다. 우리 국민들 또한 조상들이 남긴 소중한 과거의 물건으로 우리가 살아온 주체적 산물이라는 점도 인정해야 한다.

어떤 사찰에 가보면 고압적으로 통제를 하고, 출입구부터 각종 마찰을 일으키는 사찰의 스님들을 볼 때마다, 우리 국민들은 돈 내놓고도 대

우를 못 받는 불쌍한 사람들이구나 싶은 생각이 든다.

문화재청은 이런 국민들의 입장에서 모든 편의를 제공해야 한다. 국민들 입장에서 국민들만 바라보고 가는 문화재청이 될 때 올바른 문화재 관리와 활용이 될 것이다.

문화재는 우리 스스로 우리 대한민국 국민임을 증명하는 유일한 조상들의 증거품들이 아니겠는가. 잘 지키고 보존하여, 그리고 최대한 즐기고 활용하여 후손들에게 참다운 대한민국을 물려줘야 할 것이다. 새로운 마인드로 '문화재 관리'에 앞장서야 할 때다.

세상 물정

세상 물정 아침저녁으로 변하고
세월은 조용히 점점 앞으로만 흘러가 버리니
세상살이 파란만장하여 백발만 성성하구
움직이는 그림자마다 흘러가는 흰 구름 닮고
풍뢰風雷는 예나 지금이나 똑같구나.

출가
주리반특의 수행
기도하는 마음가짐
참선은 실천
참회의 인연
화중생련
지혜와 자비
화창한 봄날
삶의 여백

제2부 | 출가의 길

출가

아침저녁으로는 바람이 쌀쌀하지만 도피안사 주변은 봄빛이 완연하다. 새싹이 움트기 위해 힘차게 물오르는 나무들을 보고 있노라면 자연의 신비에 마음마저 경건해진다.

여든을 바라보는 나이인데도, 봄마다 활짝 기지개를 켜는 자연의 순환과 생명력을 마주할 때면 놀랍고도 감동적이다.

출가자에게 행자시절은 사계절의 봄과 같다. 첫발을 어떻게 딛느냐에 따라 길이 달라진다.

해방과 전쟁, 혁명 같은 격동기를 거친 내가 서른이 넘은 나이에 설악산 신흥사를 찾았을 때는 인생에서 이상과 현실의 조화가 얼마나 어려운지를 알 만큼 안 뒤였다. 사회에서 이것저것 해보았으나 나의 성격은 사회생활에 적응하기가 쉽지 않았다.

그래서 나와 같이 '늦깎이' 출가자는 입산 초에는 나름대로 고뇌에 싸이기 마련이다. 이런 내게 문성준 은사스님은 한없이 따뜻하고 자비로웠다.

사람과 사람이 만나 함께 사는 데 조화를 이루는 일이 행복의 큰 조건 가운데 하나라면, 은사스님과 신흥사의 대중이 일체가 된다는 게 어떤 것인지를 체험하는 소중한 행자생활을 보낸 셈이었다.

수행자에게 가장 중요한 것은 바로 아만을 버리는 일이다. 행자시절은 아만을 버릴 수 있는 좋은 때이다. 나에게 행자시절은 출가 전에 사회에서 물든 것들을 모두 털어 내고 깊이 하심下心하는 시기였다.

그래서 불가에서는 발심發心과 기연機緣을 매우 중요시한다. 법성게는 초발심시변정각初發心時便正覺이라고 잘 표현해 주고 있고, 부처님은 분명히 나로서도 인연 없는 중생은 제도하지 못한다고 했다.

불교에 대하여 무지했지만 사회에서보다는 잘 살아낼 수 있으리라는 깊은 믿음은 그 자체가 발심이었다는 것을 절에서 지낸 지 한참이 지나서야 깨닫게 되었다.

무사히 행자생활을 마치고 계를 받고 선방에 가고자 했으나 은사스님께서 편찮으셔서 포기하고 그때부터 신흥사에서 재무로 살림을 살았다.

문성준 은사스님은 한국 불교의 정통성을 회복시킨 '청정한 불교 만들기' 불교정화운동을 주도하였다. 일제강점기에 육식을 하고 결혼이 허용되는 일본 불교의 관행이 해방 후에도 지속되어 불교의 정법과 민족 정기를 지키려는 비구승과 일본의 영향을 받은 대처승 간의 갈등이 법정 싸움으로까지 확대되었다.

이때 은사스님을 포함한 6명의 비구스님들은 1960년대 대법원에서 정화운동을 근본적으로 부정하는 판결이 나자 대법원에 진입하여 정화의 정당성과 이유를 설명하고 그 자리에서 할복하였다. 거사를 주도한 은사스님은 이 사건으로 옥살이를 하셨다. 그 이후 감찰원에서 중책을 맡아 종단의 기강을 확립하는 등 한국 불교의 정통성과 청정성을 회복하기 위해 노력하셨다. 안타깝게도 은사스님은 세수 46세, 법랍 23세로 일찍 열반에 드셨다.

  자식은 부모를 닮듯이 내 성격이 불의를 보면 곧바로 바로잡고자 하는 경향이 강한 것은 은사스님의 강직한 성품을 닮지 않았나 싶다.

  과연 지금 은사스님의 가르침대로 회향하면서 잘 살아가고 있는가, 봄이 오는 길목에서 조용히 반문해 본다.

주리반특의 수행

출가 후 지금도 한겨울이면 밤새 내린 눈꽃으로 온 세상이 피어나던 신흥사에서의 첫겨울을 떠올린다. 메마른 겨울 산사에 온몸을 날려 하얀 세상을 만들어 내던 얼음꽃들은 아무 말 없이 흔적을 덮어 버린 차가운 바람결을 한껏 느껴야만 했다. 초발심의 행자에게 눈이 내리던 산사의 겨울은 더욱 춥고 쓸쓸했다.

밤새 눈이 나려서 많이 쌓인 날은 새벽부터 싸리빗자루로 눈을 치우는 게 일이었다. 한겨울이지만 온몸이 땀으로 젖어서 잠깐 허리를 펼 때면 한기가 들 정도였다. 그때부터 빗자루로 마당 쓰는 일이 하루의 시작이 되었다. 마당을 쓸다 보면 마음속에 있는 번뇌는 어느새 사라지고 기분마저도 상쾌하다.

지금은 마당 쓰는 일이 힘에 부치기도 한다. 조금만 움직여도 땀을 많이 흘리는 나는 그때마다 두 글자로 된 단어조차 앞 글자를 외우면 뒤 글자를 잊어버리던, 즉 쓸고 닦으라는 단순하고 명료한 가르침을 잊지 않으려고 노력한 주리반특의 수행을 떠올리며 스스로 경책한다.

비구 주리반특周利槃特은 부처님이 살아 계실 때에 이름이 알려져 있어서 인도 전역에서 어느 한 사람도 알지 못하는 사람이 없었으니, 이유는 네 글자의 게송도 기억하지 못할 정도로 바보였기 때문이다.

그는 친형과 같이 출가하여 공부하는데, 형이 그에게 말하기를 "만약 네가 금계를 지킬 수 없고, 음욕을 여의지 못하고, 오후불식을 지키지 못하고, 수면을 제하지 못하고, 정진을 닦지 못하고, 경을 배우지 못한다면 응당 환속하는 것이 좋겠다" 하였다.

주리반특은 과거세에 사람을 위하여 불법을 연설하는 것을 아껴서 이와 같이 차생에 우치愚癡를 받게 된 것이다. 잘 잊어버리는 주리반특은 친형의 경고를 받은 후 곧 기원정사 문 밖에 나가, 외롭게 한쪽에 서서 생각할수록 상심하여 흐르는 눈물을 감추지 못하였다.

그때에 세존께서는 그의 괴롭고 힘든 처지를 알고 특별히 그에게 걸어가서 "비구여, 너는 두려워하지 말아라. 나는 무상정등각을 성취하였으니 내가 너를 가르쳐 주마" 하셨다.

그리하여 세존은 한 자루의 빗자루를 그에게 주면서 말씀하셨다. "이것은 네가 매일매일 마당을 쓸 싸리비다. 너는 먼저 비로 쓴다는 이름부터 익숙해져야 한다." 그때에 주리반특은 소掃 자字를 외우면 제撾 자字를 잊어버리고, 제자를 외우면 다시 소자를 잊어버렸다.

이 두 자를 외우기를 며칠 만에 그는 마음속에 생각하기를 '이 싸리비[掃撾]는 더러운 것을 제거한다는 것인데, 그러면 무엇을 쓸어버리는 것이며, 어떤 것이 더러운 것인가? 더러운 것은 티끌·흙·돌멩이며,

이것을 제거하는 것이 청정이다.'

'그런데 이상하지 않은가? 세존은 무슨 연고로 이것으로써 나를 가르치신 것인가? 나의 몸에는 진구塵垢가 있으니, 그러면 어떻게 제거할 것인가? 탐욕번뇌는 더러운 것이며, 지혜로 이것을 쓸어버리는 것이다. 맞다. 바로 이런 뜻이다. 나는 지혜의 비로써 탐욕번뇌를 쓸어버리는 것이다. 일시에 여실하게 색무상色無常과 수상행식受想行識이 무상함을 알았다. 누진해탈漏盡解脫을 얻은 것이다.'

세존은 그에게 물었다.

"비구여, 어떻게 깨닫게 되었는가?"

"제거한다는 것은 지혜를 말하는 것이며, 구구垢라는 것은 결結을 말하는 것입니다." 주리반특은 회답하였다.

"착하다, 비구여! 네가 말한 것과 같이 제한다는 것은 지혜로 없애 버리는 것이며, 탐진치 결박을 쓸어버리는 것이다"라고 세존은 인가하였다.

이것은 생생한 실생활의 예이다. 싸리비는 때[구垢]를 제거하는 도구로써 조금도 도에 들어가는 데 부족함이 없다. 주리반특은 영리하지 못하였지만, 업을 따라서 여실하게 우주인생宇宙人生의 실상을 알게 된 것이다.

아무튼 불교의 기본교리는 적극적인 자아혁명이다. 아집我執, 법집法執 및 탐진치 등의 번뇌를 쓸어버리면 자기 인격의 도리를 확연하게 관통하고 일시에 해탈하리라.

기도하는 마음가짐

철 따라서 철새가 우리를 찾아온다는 것은 얼마나 기특하고 고마운 일인가. 매연, 황사로 뒤덮이고 소란스러운 세상인데도 철새들이 잊지 않고 저버리지 않고 이 땅을 찾아온다. 그런 것을 보면 많은 생각이 든다. 사람은 자기가 한 말에 대해서 책임지지 않는데 짐승들은 철 따라서 거르지 않고 꼭 찾아온다.

우리는 살면서 힘들거나 해결해야 하는 일이 생기면 부처님 전에 나아가 기도를 올린다. 그때 기도하는 사람의 마음은 새로운 각오로써 시작한다.

어떤 기도를, 어떤 정진을 하든지 향상의 길로 나가야 한다. 기도하는 동안 인간적으로 성숙할 수 있는 계기가 되어야 한다.

그러기 위해서는 각자 의願을 세워야 한다. 크고 거창한 것만이 아닌 일상의 작은 것 하나라도 원을 세우고 기도하고 정진하는 것이다.

기도하는 누구나 생활을 개조할 수 있는 계기로 삼아야 한다. 무슨 일을 하든지 기쁜 마음으로 해야 한다. 마지못해서 질질 끌려서 하면 그 사람의 기도는 시들해지고 재미없는 기도가 되고 만다. 무슨 일이든지 온 마음을 내서 하면 하는 일이 즐겁고 능률도 오르고 사는 일 자체가 즐거워진다.

우리가 참선을 하건 염불을 하건 기도를 하건 무슨 정진을 하건 그건 우리 마음을 활짝 열기 위해서 하는 것이다. 내 마음이 활짝 열려야 열린 세상과 하나가 된다. 염불도 옆 사람을 배려하지 않고 혼자 주력하는 사람이 있다. 함께하는 이웃을 배려하는 기도를 해야 한다.

남을 탓하기 전에 내가 지금 어떤 삶을 살고 있는가, 어떤 얼굴을 하고 있는가를 먼저 살펴야 한다. 기도 정진하는 사람들은 늘 평안한 마음으로 옆에서 보더라도 기뻐할 수 있는 마음으로 해야 한다. 그래야 제대로 하는 기도인 것이다. 혼자만 기도를 성취하겠다는 것은 잘못된 것이다. 먼저 옆에 있는 사람을 배려하는 기도를 해야 한다.

기도는 꼭 소원이 있어야만 하는 것은 아니다. 어떤 기도이든 그 마음은 신앙생활을 하는 사람의 기본 정진태도이다. 기도는 참회하고 발원하는 일이다. 우리가 무량겁을 지나오면서 어떤 업을 지었을지 모르기 때문에 늘 참회하는 것이다.

또 앞으로 내가 어떻게 살겠다는 삶의 목표를 세워서 발원을 하는 것이다. 참회하고 발원하는 목표 자체가 기도하는 내용을 이룬다.

기도는 그저 간절한 마음 하나로 해야 한다. 간절한 원은 반드시 이루어진다. 부처님이나 보살님들은 그 원의 힘으로 이루어진 것이다. 중생은 업의 힘으로 그리되었기 때문에 그 업의 테두리에서 벗어나지 못한다. 원과 업은 이렇게 다르다. 지장전이나 명부전은 죽은 사람만을 천도하는 장소로 잘못 알기 쉽다.

경전에 보면 석가모니 부처님이 열반에 드신 후 미륵보살이 선도하기까지의 그 기간을 중생제도를 해달라고 지장보살에게 부촉했다.

모든 중생을 제도한 다음에 나는 마지막에 제도를 받겠다고 원을 세운 보살이 지장보살이다. 이 원願 자체가 얼마나 거룩하고 자비스러운가. 설사 부처가 되지 못한다 해도 이런 원을 세운 지장보살은 훌륭한 구도자이고 보살이다.

기도는 법당에서만 하는 것이 아니다. 때와 장소를 가리지 않고 한결같이 꾸준히 나아가는 것을 정진이라고 한다. 그래서 기도하는 사람은 그가 하는 말과 행동과 생각이 곧 기도로 이어져야 한다.

법당에서만 기도하고 돌아서면 딴생각을 한다면, 그것은 기도하는 사람의 자세가 아니다. 법당에서의 정진력을 바로 일상생활 속에서, 즉 집에서나 전철이나 버스에서나 말과 생각과 행동이 바로 기도로 이어져야 한다. 한결같은 마음으로 해야 기도에 재미가 붙는다.

출가하고 막 중이 되어서는 신흥사에서 오래 살았다. 그 당시는 금강경을 아무리 빨리 외웠어도 처음에는 겉도는 시절이었다. 2, 3년 지나가니까 중노릇이 무엇인가, 하는 생각이 들었다.

지금 돌아보면 신흥사 시절이 제일 고마운 생각이 든다. 극락보전 법당에서 대중과 조석예불을 한 다음에 따로 법당에 남아서 기도한 것이 내 생애에서 가장 좋은 여러 가지 덕을 베푼 일이라고 생각된다.

신흥사 극락보전은 극락세계의 주인공인 아미타불을 주존主尊으로 봉안하는 보배로운 전각이라는 뜻을 지닌다. 아미타불은 서방정토 극락세계에 계시면서 영원토록 중생을 교화하는 분이다. 그래서 무량수불無量壽佛 무량광불이라고도 부른다.

우리나라에는 일찍부터 아미타신앙이 성행盛行하였고, 많은 사찰에 극락보전, 무량수전 또는 미타전이 들어서 아미타불을 봉행하였다.

고통의 바다에 살고 있는 무릇 중생은 누구나 지극한 행복을 원한다. 이 지극한 행복을 극락極樂 또는 안양安養이라 하는데, 누구나 올바른 깨달음을 통해 다가갈 수 있도록 도와주시는 분이 바로 아미타불이시다.

그 영향은 은사 문성스님에게서 받았다. 은사스님은 몸이 성치 않았지만 사중의 어려운 일이 있을 때마다 꼭 기도를 올렸다. 늘 기도하시는 것을 보고, 나도 기도를 해야겠다고 결심을 했다.

어느 날 큰 법당에서 대중과 기도를 올리고, 법당을 나서면서 뒤돌아보니 스님이 기도를 하고 계셨다. 그래서 나는 극락전 주변을 포행하며 기다리고 있다가 스님이 나오시면 기도를 올렸다.

신흥사에 있는 동안 조석으로 늘 그런 습관을 들였고, 정진했다. 당시 나는 아무 생각 없이 했지만, 그때 그런 정진이 내가 중노릇하는 데 커다란 초석이 되었다. 그런 과정이 없었다면 쉽게 지냈겠지만, 신흥사에서 조석으로 기도를 한 공덕으로 여직 중노릇하는 데서 크게 벗어나지 않고 제 길을 걸어왔다는 생각이다.

결국 기도는 말과 생각과 행동을 맑히는 일이다. 간절한 마음가짐으로 원을 세우고 지극하고 정성스런 기도를 통해 매 순간 후회 없는 현재의 삶을 살아야 한다.

 각자 현재의 모습이 그대로 드러나는 이름과 실상이 하나가 되어야 한다. 지극한 기도를 통해서 인간적으로 성숙하고 거듭날 수 있는 신앙인으로서 원숙해지는 계기가 된다면 하루하루 소홀히 지내지 않게 될 것이다.

참선은 실천

　산중에 사는 사람들은 바람소리에 민감하다. 계절의 변화는 바람 속에 스며 있다. 옛날 농사짓고 살던 때는 계절과 절기가 아주 분명했다. 그런데 요즘은 그런 절기가 사라졌다. 절기가 사라진 요즘 우리나라의 기후도 온대에서 아열대로 변하고 있다.
　날로 심각해져 가는 지구 온난화 현상은 무엇을 의미하는가? 지구 온난화는 우리가 살고 있는 이 지구가 중병이 들어서 신음하며 내뱉는 신열 같은 것이다. 지구도 하나의 커다란 생명체인 것이다.
　지나온 자취를 되돌아볼 때면 절에 들어와 살면서 만난 좋은 스승들의 은혜에 고마움을 느낀다. 그때그때 그 스승들의 가르침이 없었다면 수행자로서 설자리를 제대로 찾을 수 있었을까 싶을 정도로 옛 스승들의 가르침이 참으로 고맙다. 그중 한 분이 은사스님이다.
　은사스님은 신흥사를 증창한 스님이다. 스님은 오늘날 신흥사의 사세寺勢를 일구었다. 설악산 신흥사를 생각하면 스님의 가르침 중에 '참선은 실천'이라는 말씀을 다시금 가슴에 새긴다.
　은사스님은 매우 엄격하셨다. 나이 서른이 넘은 형자가 절 구석구석을 쓸고 닦고, 공양간에 들어가서 밥을 짓고 찬을 만들며, 편찮으신 스님의 잔심부름으로 이곳저곳을 오가는 사이 설악산 자락의 푸른빛은 어느새 단풍이 붉게 물들며 시간이 흘렀다.

나는 선방에 가고자 했으나 스님의 건강이 좋지 않아 절문을 선뜻 나서지 못하고 말았다. 어느 날 스님은 나를 부르셨다.

"참선이란 곧 실천이다." 그날 밤 스님의 말씀을 떠올리면서 '나를 인정해 주는구나' 하는 벅찬 가슴으로 뜨거운 눈물을 얼마나 쏟았는지 모른다. 그러나 우리 스님은 내게 무서운 존재였다. 나에 대해 투명하게 다 들여다보는 것 같아 망상을 피울 수가 없었다.

그때의 말씀이 지금도 가끔 떠오른다. '진정한 가르침에는 많은 말이 필요치 않다'는 짧은 은사스님의 말씀은 수시로 나를 깨우쳐 준다. 누구의 고생이 더 큰지는 모르겠으나 힘든 시절을 잘 지나온 지금은 허전함과 외로움을 느낄 나이가 되었다.

아침저녁으로 예불을 드리다 보면 비로자나불의 진리의 빛을 온몸으로 느낀다. 맑은 도량에 서면 풀 한 포기에서도 법계의 살림살이가 느껴진다. 옛날 어른들도 부처님도 이렇게 살지 않았을까.

그러나 요즘 우리는 인정이 그립고 아쉬움을 모르는 황량한 세태 속에서 살아간다. 미래는 현재의 연속이다. 내일은 오늘의 연장이다. 지금 우리가 어떤 식으로 사느냐에 따라 미래가 결정된다. 우리의 삶의 태도에 의해서 지구가 더욱 나빠질 수도 좋아질 수도 있다.

나는 평소에도 땀을 많이 흘리는 편이다. 특히 여름에 땀을 많이 흘린다. 잠을 잘 때나 낮에 조금만 움직여도 옷에 땀이 찬다.

그럴 때마다 물수건으로 흐르는 땀을 닦아 낸다. 물이 아니면 우리가 어떻게 씻어 나겠는가. 그때마다 물의 은혜를 생각하며 "물보살님 감사합니다" 하고 염을 한다.

물뿐만이 아니다. 흙이나 공기나 바람이나 햇볕 등 우리가 무심코 지나가는 자연의 모든 것이 고마운 존재이다. 이런 자연 현상들이 하나라도 없으면 우리는 제대로 살 수가 없다. 그런데 우리가 너무 흥청망청 쓰며 살다보니까 우리를 받쳐 주고 있는 물과 바람과 흙과 햇볕이 다 오염되어 제 기능을 못 한 것이다.

사람들은 모두 부자가 되고자 한다. 더 많은 것에 대한 욕망으로 들끓고 있다. 더 많은 것을 가질수록 '우리는 행복한가?' 스스로 물어봐야 한다.

옛날보다 훨씬 많은 것을 가지고 있으면서도 옛날보다 행복하지 않다. 아쉬움과 궁핍을 모르면 고마운 줄을 모르기 때문이다. 돈이나 재물이 인간의 할 일을 대신하게 되면 그곳에 인간은 존재할 수 없다.

이 지구상에서 우리가 살아남으려면 지금의 생활태도를 바꿔야 한다. 현재의 생활태도에 변화를 줘야 한다. 삶의 질은 결코 물질적인 부에 달려 있지 않다. 어떤 여건에서도 우리가 잠들지 않고 깨어 있다면 삶의 질은 얼마든지 향상될 수 있다.

무엇 때문에 사는지, 우리 후손까지도 잘 살게 할 수 있을지, 이게 우리의 과제이다. 수행은 높아지는 것이 아니라 끊임없이 되풀이하며 실천하는 것이다.

참회의 인연

나는 어린 시절을 떠올리면 천성이 그런지 장난도 아주 심했다. 그때만 해도 살림이 궁핍한 시절이었다. 산목숨 소중한 줄도 모르고 참새를 수없이 잡기도 했다.

또 뱀도 많이 잡았는데, 심지어는 껍질을 벗겨서 나무에 걸어 놓을 정도였다. 지금 생각하면 하루살이만도 못한 온갖 못된 짓은 다 했다. 어릴 적의 재미로 삼은 장난이라지만 참새나 뱀의 입장에서 생각해 보면 죽음의 고통을 안겨준 것이었다. 그 죄업이 얼마나 지중한지 지금 생각해도 아찔하다.

출가하여 스님생활하면서 느낀 것이 있다. '사람은 죽어서 이름을 남기고, 호랑이는 죽어서 가죽을 남긴다'는 말을 보면, 사람은 이름을 남기기 위해서 못된 짓을 더 많이 하는 것 같다.

그러고 보면 사회에 적응하지 못하여 출가하였지만, 생명 있는 것은 모두 소중히 하는 삶을 살라는 깊은 뜻이 있지 않았을까 싶다.

철없던 시절에는 참새와 뱀을 많이 죽였음에도, 출가한 지금은 방바닥에 기어 다니는 개미나 벌, 심지어 모기조차도 잡기는커녕 그 작은 생명들이 장애물에 부딪치지 않고 무사히 가도록 안타까운 심정으로 지켜보곤 한다. 생명이 얼마나 소중한가? 한 사람의 수행자로서 지난날의 잘못된 짓을 참회하고 또 참회한다.

이제 와서 생각해 보면 은사스님은 엄부자모嚴父慈母의 모습을 두루 보이시며, 내가 메마른 인간이 되지 않고 올곧은 한 사람의 수행자로 성장하기를 생활 속에서 세심하게 배려하셨다.

이미 사회의 부조리를 겪은 나는 은사스님에게 《초발심자경문》을 배우면서 차츰 절집 사람이 되어 갔다. 매일매일 계속되는 일상의 일들이 전부 마음속 깊이 느끼고 배울 것들이었다. 은사스님을 가까이에서 모시면서 나는 따뜻한 인간미에서 얼굴을 맞대고 살아가는 도반이나 이웃하는 인연이 얼마나 소중한가를 깊이 느꼈다.

나는 금강경을 일주일 만에 모두 암기해 버렸는데, 때로 도반들이 금강경을 독송하는 소리를 듣다가 잘못된 부분이 있으면 바로 틀린 곳을 지적하곤 했었다. 그때부터 승려로서 첫발을 들여놓은 후 계속 화두로 떠오른 것은 어떻게 하면 대중스님들과 잘 지낼 것인가 하는 것이었다.

은사스님의 가장 중요한 가르침인 '참회'는 내게 승려로서 살아갈 방향이 되었을 뿐만 아니라 과거부터 지어온 업장을 녹이는 인연을 열어 주었다고 생각한다. 참회를 지성껏 해나가면 세상 천지만물이 모두 나와 한 몸임을 알게 된다. 나의 입장에서 바라보지 않고 남의 입장에서 바라보는 자비의 마음이 열리는 것이다.

은사스님이 내게 베풀어 준 세심한 배려와 사랑을 돌이켜 보면, 깊고 깊은 참회의 법문이었다. 내 어린 시절의 업장을 녹여 주었을 뿐 아니라 대중에게 이익을 주는 올곧은 스님이 되도록 아끼면서도 깨침의 길로 나아가도록 살펴 주신 큰 뜻을 새겨서 여생 동안 유정무정, 생명 있는 것들을 존중하는 데 온 힘을 쏟으리라 다짐한다.

화중생련

영가 스님의 〈증도가〉에 화중생련火中生蓮이라는 말이 있다. 불 속에서도 살아 있는 연꽃, 즉 부처님의 가르침은 불길 속에서도 피어난다는 뜻이다. 우리가 사는 세상, 즉 색계, 욕계, 무색계 이 삼계가 불타는 집, 화택火宅이라는 가르침을 생각한다면 화중생련이 뜻하는 바를 알아차릴 수 있다.

가정은 가족이 모여 오손도손 살아가는 곳이다. 밖에서 돌아다니다 지치면 돌아와 편히 쉴 수 있는 곳이고 어느 때든 우리를 반가이 맞아 주고 받아들이는 곳이다. 부모가 있고, 눈에 보이지 않지만 그 집안을 보살피고 지키는 수호신이 있다.

공통된 관심사가 있어 그걸 주제로 속의 말을 터놓는 것이 대화이다. 대화가 끊어지게 되면 가정은 삭막해진다. 이런 이유는 우리가 너무나 이기적으로 자기본위로 살아가기 때문이다. 행복한 가정은 가족끼리 서로 닮아 가고 불행한 가정은 저마다 따로 살아간다.

자기 가정에서 평화를 찾는 자가 가장 행복한 사람이다. 가정에서 평온을 누리는 게 가장 행복한 사람이다. 건전한 사회는 건전한 가정을 기반으로 이루어진다.

요즘 사람들은 태어나는 것부터 집 밖인 병원에서 태어난다. 돌잔치, 환갑, 칠순, 팔순잔치 등 모두 밖에서 한다. 죽음까지도 자기 집이 아닌 병원에서 맞이하게 된다. 이게 오늘날 우리의 현실이다.

우리가 하루하루 살아가는 순간은 지극히 평범하다. 그러나 사실은 그 순간에 중요한 의미가 있다. 그 순간이 없다면 삶이 지속될 수 없기 때문이다. 한 개인의 삶이 그 순간에 이루어지고 또한 그 순간이 쌓여서 생애를 이룬다. 그러므로 그 순간을 헛되이 보내면 그 삶 또한 소홀해진다.

인간의 삶을 지탱해 주는 받침대는 자신의 의무를 수행하는 일이다. 사람 된 도리를 해야 하는 것이다. 우리는 태어날 때부터 자신의 의무를 지고 나온다. 따라서 어떤 마음가짐으로 살아가느냐가 중요하다.

우리 삶은 개인의 의지와 상관없이 어둡고 추하고 모자라고 온갖 고통으로 둘러싸여 있다. 우리 사회의 상황은 늘 사건사고의 연속이다. 그런 상황, 그런 여건 속에서 우리가 어떤 마음을 가지고 살아야 할 것인가가 중요하다. 마음먹기에 따라서 삶이 달라지기 때문이다.

내 마음이 천당도 만들고 지옥도 만든다. 사람과 사람 사이의 관계는 서로의 마음을 주고받는 것이다. 맞서게 되면 서로에게 상처를 입히게 된다. 그러나 생각을 돌려 마음을 부드러운 쪽으로 갖게 되면 본래의 자기 자신으로 돌아가게 된다.

화엄경에 "마음과 부처와 중생 이 셋은 결코 차별이 없다"는 말이 있다. 마음이니 부처니 중생이니 하지만 이 셋은 결코 근원적으로 다르지 않다는 것이다. 부처와 보살을 멀리서 찾지 말고 자기 집안으로 불러들일 수 있어야 한다. 그러면 시들했던 관계도 새로운 활기로 채워질 수 있다.

삶이 기쁨과 고마움으로 채워질 때 거기에 사람의 온기가 스며들고 사람다운 향기가 나온다. 삶이란 무엇인가? 우리는 무엇을 위해 살아야 하는가?

이것은 현재 우리 모두의 근원적인 물음이다. 내가 나답게, 인간답게 살고 있는가? 그렇다면 무엇을 위해 살아야 할 것인가? 어떤 것이 참 나인가?

진정한 자아는 까맣게 망각하고 있다. 진정한 자아를 위해서는 아무 일도 생각하지 않는다. 마음공부란 몸을 위한 것이 아니다.

우리가 하는 마음공부, 기도, 참선, 참회는 결코 몸을 위한 것이 아니다. 몸이 절에 온 것이 아니다. 한 생각 일으켜서 절에 온 것이다. 몸은 따라 온 것뿐이다.

우리가 하는 마음공부, 기도, 참선, 참회는 진정한 자아를 실현하기 위한 간절한 염원이며 정진이다. 이와 같은 정진을 거치면서 사람은 인간답게 성숙해 가는 것이다. 나 자신, 자아의 실현을 위해 무슨 일을 하고 있는가, 스스로 물어볼 일이다.

여기저기서 꽃이 피어나는 것을 보고 구경만 할 것이 아니라 이 봄에 내 자신은 어떤 꽃을 피우고 있는지 되돌아볼 일이다.

삶이란 무엇인지, 무엇을 위해 살 것인지, 스스로에게 물어볼 줄 알아야 한다. 과일에 씨앗이 박혀 있듯이 해답은 그 물음 속에 들어 있다.

지금 세계는 코로나19로 화탕지옥과 다름이 없지만 불 속에서도 살아있는 연꽃처럼, 이 어려움 속에서도 각자의 삶을 꽃피우면서 사는 따뜻한 가정에 늘 새롭고 아름다운 정이 넘치기를 염원한다.

지혜와 자비

　불교는 지혜와 자비를 바탕으로 하는 종교이다. 새의 양 날개처럼, 지혜와 자비는 불교의 궁극인 열반에 이르기 위해 거쳐야 하는 문이며, 열반의 바로 그 자리인 것이다.
　부처님을 부르는 10대 명호 중의 하나인 양족존兩足尊은 해탈에 이르신 부처님이 지혜와 자비를 구족하신 분이란 뜻이다.

　지혜는 곧 부처님이 깨닫고 가르치신 불교의 교리를 바로 아는 것이다. 즉, 지혜는 우주 만유 존재의 법칙인 삼법인, 연기법, 사성제, 팔정도 등 부처님의 가르침을 듣고[聞], 사유하며[思], 실천하고[修], 체득[證]할 때 증장되는 것이다.
　지혜로운 사람은 모든 존재의 실체는 영원히 변하지 않는 자성自性이 없다는 공사상과 모든 존재가 원인과 조건으로 결과가 지어진다는 연기법을 이해하고, 무아·고·무상이 모든 존재의 특성임을 알게 되는 것이다.

어리석은 사람은 영원한 '나'가 있는 듯이 아상我相에 빠져 있으며, 나와 너, 좋은 것과 나쁜 것, 아름다운 것과 추한 것 등 사리분별하여 이분법으로 갈라서 마음에 맞는 대로 취사선택하며 집착하고 탐닉한다. 그것을 무지, 무명 혹은 어리석음이라 한다. 따라서 지혜란, 바른 길, 중도를 아는 것이며, 탐진치의 삼독에서 벗어나는 열쇠인 것이다.

자비는 두 가지 마음을 말한다. 자慈 혹은 자애慈愛의 마음과 비悲의 마음이다. 자애는 누군가에게 최상의 것이 일어나기를 바라는 마음이다.
예를 들면, 진정으로 자식을 사랑하는 어머니를 자모慈母라 하듯이 자식에게 제일 좋은 것을 오롯이 빌어 주는 어머니의 마음이 자애의 마음이다. 누군가의 기쁜 일을 마치 자신의 일처럼 함께 기뻐하는 마음이다. 비는 연민의 마음이다. 마치 누군가의 슬픔을 자신의 슬픔인 듯 같이 슬픔과 고통을 나누는 마음이다.

자비는 지혜에 바탕을 두고 있다. 모든 존재들이 연기적인 관계 속에서 서로 연결되어 있으며 나와 남이 다르지 않고 하나의 전체라는 통찰, 즉 깊이 보고 아는 지혜를 바탕으로 한다는 것이다. 이것을 동체대비同體大悲라 한다. 그러므로 지혜로운 사람은 자비행慈悲行을 한다.

지혜와 자비를 수행하려면 부단한 연습과 숙련이 필요하다. 지혜가 성숙하기 위해서 그리고 자비행이 생활 속에서 오롯이 드러나기 위해서는 시간이 필요하다.

그래서 기본적으로 오계五戒를 지키며, 즉 생명을 존중하고, 거짓말하지 않으며, 도둑질하지 않고, 음란하지 않으며, 중독물질에 정신이 혼미하지 않게 사는 것이다.

이러한 오계는 재가자나 출가자나 모두 지켜야 할 불교의 계율이다. 불자가 아닌 일반인들도 이 오계를 지키면 반드시 좋은 결과를 직접 체험할 수 있다. 이러한 계를 잘 지키고 사는 것만으로도 무한한 행복이 들어온다고 절 집안에서는 가르친다. 막연히 행복幸福을 빌고 기다린다고 해서 복은 오지 않는다.

지혜에 뿌리를 둔 자비를 베풀면 마치 저절로 잎이 푸르고 꽃피어 열매 맺는 나무처럼 복이 열린다고 한다.

자비를 베푸는 힘은 지혜에서 나온다. 지혜로운 사람은 자비를 베푸는 사람이다. 지혜와 자비는 따로 있는 게 아니라 우리가 불성이라고도 하는 그 한 자리에 본래 같이 있는 것이다.

지금 우리가 사는 세상에는 사람이 갈 수 있는 길이 수없이 많고 좋은 것 또한 차고 넘친다. 그중에서 어떤 것을 취하더라도 자신이 선택한 삶이 가장 즐거워야 한다고 생각한다. 그래야 고생도 아름다운 추억으로 느낄 수 있기 때문이다. 그러나 마치 새의 양 날개처럼 지혜와 자비를 바탕으로 수행하지 않으면 우리의 삶은 결코 행복하지 않다.

화창한 봄날

코로나19로 정신없이 몇 달을 보내고 나니 그새 봄이 되어 버렸다. 벚꽃이 하늘 길에 닿았고, 개나리가 흐드러지게 꽃 얼굴로 진한 향기를 쏟아 내고 있다. 어느덧 몰려나온 개울물은 자잘한 돌멩이와 다툼질에 여념이 없고, 겨울의 신경질을 이겨낸 산중은 입술에 한가득 생기를 머금고 있다.

곧 터져 나갈 듯 흙 속의 생명이 옹알이를 하고 있는데, 누군가 툭 하고 발길로 건들면 햇살이 우수수 쏟아져 마치 창칼처럼 심장을 찌를 것만 같다. 봄인데, 지상은 아직도 차디찬 겨울을 벗어나지 못했으니, 중국으로부터 시작된 바이러스는 끝도 없이 번져 나가고 있다.

중국을 시작으로 한 이제는 미국과 유럽, 생명이 있는 모든 대륙으로 빠르게 번져 나가고 있다. 인류는 경제를 포함한 멸망의 전조처럼 깊은 어둠으로 점점 빠져 들어가고 있다. 그나마 한국의 사정은 초기 대응을 잘해서 그런지 조금 나은 편이라고 하지만 조심조심 그도 모를 일이다.

이즘에 가만히 생각해 보면 우리가 이 지상에 와서 얼마나 많은 것을

잃어버리고 대충 살았는지, 이번 코로나 사태가 경종을 울리는 것만 같다.

아주 사소한 일에도 우리는 다툼이 잦았고, 지상의 질서에 탄하는 일을 하고 살았구나 싶은 생각이 든다. 환경은 어쩌랴, 넘치도록 쓰고, 부족함 없이 자연을 훼손했으며, 일찍이 몹쓸 짓에 버금가는 파괴를 일삼았으니 인류는 그 대가를 치르고 있지 않나 싶기도 하다.

남극의 얼음이 녹아 그 속에 숨어 있던 바이러스가 변종을 일으킬 수도 있는 노릇이다. 또한 각종 오염물을 먹고 마신 물고기들이 이 신종 바이러스라는 감염병을 일으켰을 수도 있다. 우리는 아무렇지도 않게 환경을 훼손하지만 그 대가는 예측할 수 없는 방향으로 옮겨갈 수도 있다.

더군다나 이 순간에도 지구상의 질서를 지키지 않고 자신들간 살겠다고 전염병 방역 대책에서 제멋대로 생활하는 사람들이 있다는 것은 아직도 이 바이러스 종식이 멀었다는 것을 말하는 지표가 아닌가 싶다.

아름다운 지구에서 아름다운 삶을 살다가 가는 것은 이 삶의 질서로부터 희생하는 스스로의 본성을 찾는 일인지도 모른다. 우리가 눈살을 찌푸린 환경 문제에서 우리는 누구도 탓할 수 없는 모두가 가해자이다.

길가에 솟아난 봄의 잡초도 그 가는 길이, 다 정한 길이 있다. 생명이 있는 모든 것으로부터 우리 인류가 배우고, 또 배우는 것이야말로 이번 같은 전염병으로부터 우리들을 지키는 길인지도 모른다.

산천이 병들어 갔다는 것은 우리도 병이 든다는 말이다. 더불어 우리의 건강이 위협하다면 이미 산천이 병들어 그 피해의 범주 안에 우리 인류가 포함되어 있다는 뜻이다.

건강이 인류의 가장 큰 문제라면 우리 주변의 강과 산을 둘러보고, 아무렇지도 않게 버려진 쓰레기와 환경파괴 요소인 각종 오염물을 치우는 것으로부터 시작해야 한다.

우리 모두 본래의 태어남으로부터 존중받으려면 지상의 모든 생명에게 또 한 가지씩 배워 가는, 그런 화창한 봄날의 비상이 되어야 하리라.

삶의 여백

보통 말을 하는 사람은 진심으로 마음을 열어 말하고 듣는 사람은 진심으로 그 말에 귀 기울여야 진정한 만남이 이루어진다.

그러나 사람들은 남의 말에 귀를 기울이려 하지 않는다. 가족끼리도 상대방의 말에 집중하지 않는다. 건성으로 듣는 둥 넘기고 만다. 그러다 보니 자연히 관계가 불편하게 된다. 그러므로 진정한 만남이 이루어지지 않는 한 우리의 정신세계는 더욱 황량해질 것이다.

요즘 어디를 가나 인터넷이 활개를 치는 세상이다. 인터넷을 통해 무언가 또는 누군가와의 접속에 집착하는 요즘, 인터넷을 이용해 두 사람 혹은 불특정 다수가 각자의 자리에서 수많은 정보를 주고받는다.

그런데 문제는 이때 감정의 교류가 전혀 없다는 것이다. 이것은 어디까지나 정보를 주고받기 위한 간접적인 접속일 뿐 직접적인 접촉은 아니기 때문이기도 하다.

간접적인 접속은 어디까지나 일방적이므로 자기중심적이고 이기적일 수밖에 없다. 그렇기 때문에 감정이 오고 갈 수 없다. 한마디로 비인간

적이다.

컴퓨터의 너모난 화면 안에서 주고받는 정보는 이 시대의 편리한 수단이다. 그러나 여기서는 인간의 냄새를 맡을 수 없다. 차디찬 기계장치일 뿐 살아 숨 쉬는 따스한 생명체는 아니기 때문이다. 요즘의 과다한 정보는 오히려 곤해이다. 왜냐하면 정보가 사람의 자리를 빼앗기 때문이다.

그래서 데이터 스모그라는 말이 있다. 이것은 불필요한 정보들이 지나치게 많이 유포되는 현상으로, 인터넷의 발달로 정보의 유통속도가 빨라지긴 했지만 한편으로는 쓰레기 정보나 허위 정보들이 마치 대기오염의 주범인 스모그처럼 가상공간을 어지럽힌다는 뜻이다.

우리는 인터넷 접속이 안 되거나 해커의 방해를 받을 때면 마치 큰일이 난 것처럼 야단이고 어찌할 바를 모른다. 왜냐하면 컴퓨터와 인터넷에 길들여져 쿼든 즉석에서 해결하고 끝내려 하기 때문이다. 기계장치에 의존하다 보니 참고 기다릴 줄을 모른다.

예부터 참고 기다리는 것을 인간의 미덕으로 여겼다. 어떤 것이 중요한 것인지 판단을 해야 한다. 정보 매체가 중요한지 자기 자신이 중요한지 가치판단이 필요하다.

한낱 생활의 도구에 종속되어서 본질적인 삶을 잃어버린다면 이것은 영혼을 지닌 인간이 할 도리가 아니다. 이것이 우리가 지금 살고 있는 요즘의 세태이다.

사람답게 살려면 안으로 귀 기울일 수 있어야 한다. 바깥 현상에만 정신을 팔지 말고 자기 내면의 소리를 들을 수 있어야 한다. 삶의 의미를 어디에 두고 살 것인지 스스로에게 물어볼 줄 알아야 한다.

　친구와 우정을 지속하려면 한동안 떨어져 있는 시간이 필요하다. 각자 자기 자신을 확인하는 홀로 있는 시간이 필요한 것이다. 아무리 정다운 사이일지라도 늘 한데 엉켜 지내면 이내 시들해지고 지겨워진다.

　그래서 우리에게는 그립고 아쉬운 삶의 여백이 필요하다. 뭐든지 넘치지 않는 아쉬움이 있어야 한다. 그리움이 고인 다음에 친구를 만나야 그 정이 더욱 살뜰해진다. 친구 사이뿐만 아니라 모든 인간관계가 그렇다.

　너무 많은 것을 보고 듣고 아는 과다한 정보는 공해란 것을 깊이 새겨야 한다. 그래서 식자우환識字憂患이라는(아는 게 병) 말도 있다.

　문명의 연장을 알맞게 잘 활용할 줄 알면 이롭다. 필요해서 만들어 놓은 기구이기 때문이다. 그러나 문명의 이기에 너무 매달리거나 소용돌이에서 헤어나지 못하면 해가 되고 흉기가 된다. 그렇기 때문에 자신의 욕구를 적당히 자제할 줄 알아야 한다.

　모든 것이 넘쳐 나는 오늘 같은 세상에서 제정신을 차리고 자주적인 삶을 이루려면 철저한 자기관리가 필요하다. 남이 한다고 따르지 말고 자기 의지대로 살 줄 알아야 한다.

　가치판단의 기준을 어디에 두어야 할 것인가. 내가 이런 일을 해서 행복할 것인가, 불행할 것인가 그것에 답이 있다.

　우리는 이 풍진 세상을 살면서 남의 장단에 놀아나지 않고 자기 자신다운 인간으로서 당당히 설 수 있는, 순간순간 삶의 여백을 즐길 줄 아는 사람이어야 하리라.

깨달음

천지 해는 긴데 반평생 벌써 지났으니
남은 해는 얼마일까
우수憂愁에 골몰하니
깊게 취한 듯 깨닫지 못하고 주저만 하네.

사람의 향기
무망無望한 아침
경계儆戒하는 법
참새처럼
제로섬zero-sum
하얀 거짓말
사돈의 8촌
다른 것과 틀린 것
배려와 변명
정, 나누는 기쁨

제3부 | 사람의 향기

사람의 향기

　우리가 흔히 불행하다는 것은 이미 지나가 버린 과거사에 대여서 후회하고 안타까워하므로 현재가 없기 때문이다. 지금 이 순간을 살 줄 알아야 하는데 지나간 과거라든가 오지도 않은 불확실한 미래에 집중해 있어서 지금 현재에 살지 못하는 경우가 많다. 그래서 보통 사람들은 몇 시까지 어디로 가야 한다면 오로지 목적지 도착만을 위해 과정은 소홀히 한다. 도중에 풍경을 볼 줄 모르는 것이다. 지금 우리는 이 순간 지나간 과거, 오지 않은 미래에 집착하고 있지 않은지 살펴볼 일이다.
　모든 일에는 뜸 들이는 시간이 필요하다. 음식 만드는 데에서만 그런 것이 아니고 일에서도 그렇다. 빠르게 사는 사람들, 특히 젊은 세대들은 참고 기다릴 줄을 모른다. 모든 것을 즉석에서 해결하고자 한다. 이것이 바로 산업사회와 정보사회의 맹점이다. 자기 방에서 컴퓨터나 스마트폰만 대하고 있기 때문에 이기적이고 남의 사정은 알지 못한다.
　씨앗을 뿌려서 그것이 꽃을 피우고 열매를 맺기까지는 사계절의 순환이 필요하다. 농경사회에서는 참고 기다릴 줄 알았다. 그래야 열대를 거두기 때문이다. 지금 이 정보사회에서는 시간을 다투기 때문에 참고 기다릴 줄을 모른다. 그렇기 때문에 그리움이 고일 여가가 없는 것이다. 그리움이란 인간만이 누릴 수 있는 진정한 사람의 향기인데 말이다.

> 한 송이의 국화꽃을 피우기 위해 봄부터 소쩍새는 그렇게 울었나 보다 (중략) 그립고 아쉬움에 가슴 조이던 머언 먼 젊음의 뒤안길에서 인제는 돌아와 거울 앞에선 내 누님같이 생긴 꽃이여

내가 평소 즐겨 읊는 시 중에 한 편인 서정주의 〈국화 옆에서〉이다. 이 시에서 특히 "그립고 아쉬움에 가슴 조이던 머언 먼 젊음의 뒤안길에서 인제는 돌아와 거울 앞에선 내 누님같이 생긴 꽃이여"라는 표현처럼, 현대인들에게는 그리움이나 아쉬움 없이 모든 것을 즉석에서 해결하려고만 한다.

사각의 스크린에는 사람의 향기가 없다. 가상세계의 접속에서는 간편하고 편리함은 있을지라도 인간의 향기는 없다. 하나의 씨앗이 땅에 묻혀서 꽃피고 열매 맺기까지는 사계절 순환의 질서가 필요하듯이 사람도 한 인간으로서 성장하고 성숙하려면 시간이 필요하다. 여기에는 기다림과 그리움이 동반되어야 할 것이다. 인간다운 삶을 살 줄 아는 사람들은 목표를 향해 곧장 달려가기보다는 여유를 가지고 구불구불 돌아가는 길을 선택한다.

만약 우리가 미래를 안다면 지금 이 삶이 어떻겠는가. 미래를 모르기 때문에 우리가 살아가는 세상이 되는 것이다. 모든 일이 뜻대로 되지 않

는다고 해서 속상해할 일은 아니다. 그 나름의 의미가 다 있다고 본다. 만일 뜻대로 된다면 사람은 안이해지고 교만해진다. 인간의 감정을 나눌 줄 모르기 때문이다.

지난날 스님들의 여유 있는 유유자적한 생활태도를, 낙천적인 삶의 모습들을 현대 우리들은 다시 배워야 한다. 앞서 살다 간 분들의 생활이 결코 낙후된 것이 아닌 가치 있는 삶이었다. 자연에 순응하면서 균형과 조화를 깨뜨리지 않고 순리대로 살았다.

때로는 천천히 돌아가기도 하고 가다가 쉬기도 하고 또 길을 잃고 헤맬 수도 있어야 한다. 고속도로보다 천천히 돌아가는 지방도로가 훨씬 여유가 있듯이 이런 삶의 여유가 필요하다.

자신에게 주어진 상황을 어떻게 받아들이느냐에 따라서 삶의 질이 달라진다. 시간을 즐기는 사람은 영혼의 밭을 가는 사람이다.

어떤 일을 할 때 그 일의 노예가 되어서는 안 된다. 그 일을 자기 삶의 소재로 생각하고 즐길 수 있어야 한다. 언짢은 일이 있었다면 그 언짢은 일을 통해서 내 삶을 새롭게 반성하고 되돌아볼 수 있어야 한다. 그 나름의 어떤 의미가 있기 때문에 하나의 과정으로 생각해야 한다.

사람은 서로 기대고 의지하고 있으므로 서 있을 수 있다. 홀로 있지 않고 수많은 것에 의지해 있다. 지수화풍과 나무와 새와 짐승과 수많은 생물들과 함께 어울려서 살면서 커다란 생명의 흐름을 이룬다.

이 지구상에는 인간만 사는 게 아니다. 사람들이 함께 사는 도리를 모르고 인간 본위로만 생각하기 때문에 이 지구가 몸살을 앓고 있다.

부분에만 집착한 나머지 서로의 공생, 공존하는 전체를 망각하고 있기 때문에 공생, 공존의 틀이 무너졌다. 하나밖에 없는 지구, 우리 삶의 터전을 누가 이렇게 만들었는가. 심각한 문제이다. 오늘날 기상이변은 우리가 자초한 것이다.

자연의 균형과 조화로 이루어진 생명의 흐름을 무너뜨린 결과 저마다 이기적인 인간이 되어서 남을 받아들이려고 하지 않는다. 이기적인 모습이 혹시 나의 모습은 아닌가를 돌아볼 일이다. 뭐든지 뜸도 들기 전에 즉석에서 해결하려고만 한다.

요즘 우리 아이들에게 정서적으로 어떤 영향을 미칠지도 생각해야 한다. 지금 세상에서 일어나고 있는 온갖 사건과 사고는 인과관계의 고리로 이루어져 있다.

남에게 상처를 입히는 것은 결과적으로 내 자신에게 상처를 입히는 것이다. 남에게 가시 돋친 말을 하게 되면 내 가슴에 가시가 돋치는 것이다.

모든 것이 넘쳐 나고 있는 정보사회에서는 저마다 투철한 자기 삶의 질서가 있어야 한다. 불필요한 것들에 대해서 자제하고 억제할 줄 알아야 한다. 그래야 참으로 우리가 볼 것, 들을 것, 해야 할 도리를 챙길 수 있고 이것이 곧 지혜로운 삶이다.

한 번 만난 사람은 언제가 다시 만나게 된다. 만나지 않은 사람은 스쳐 지나간다. 이것이 이 세상 인연의 끄나풀이다. 우리가 하루하루 살아가는 동안 나쁜 인연을 맺지 않고 좋은 인연을 맺어야 하는 이유이다.

우리의 생각과 말과 행동은 우리 정신에 깊은 흔적을 남긴다. 그것이 바로 내 마음 밭에 뿌리는 씨앗과 같아서 다음에 반드시 그 열매를 거둔다.

좋은 생각과 따뜻한 글씨와 착한 행동을 하면 좋은 열매를 맺고 나쁜 생각과 가시 돋친 말씨와 비난하는 행동을 하면 나쁜 열매를 맺는다.

순간순간 우리가 갖는 생각이나 염원은 우주에서 계속 남아 진동을 한다고 한다. 그러므로 눈에 보이는 사물에 너무 집착하지 말아야 한다.

모든 것은 '한때'일 뿐이다. 하루 한 가지라도 착한 이야기를 듣고 착한 일을 몸소 행한다면 그날 하루는 '잘 사는 날'이다. 내 생애에서 빛을 발하는 하루가 될 것이다.

우리는 순간순간 끝없이 인간으로서 성숙되어 가는 과정에 있다. 따라서 내가 나를 만드는 것이다. 누가 대신 나를 만들어 줄 수 없다.

어떤 나를 만들지는 나의 결단에 달려 있다. 그래서 날마다 비슷비슷한 되풀이 속에서도 새로운 날이 되도록 노력하고 인간다운 향기를 품는 사람이 되어야 하리라.

무망無望한 아침

밤새 세상을 지워 버릴 것처럼 눈이 가득 내렸다. 부호 표시라도 남길 듯 나무 잎사귀도 우수수 눈송이에 짓눌려 체중을 이기지 못하고 흔들거린다. 차가운 바람에 숨어 있다가 한 줄기 아침 햇살에서 하얗게 피어난 눈꽃들이 아름답게 빛난다.

이런 날은 눈이 즐겁다. 세상의 티를 보지 않아도 될 일이다. 이런 아침을 나는 젊은 시절부터 '용서'라 부르곤 했다. 마치 무성했던 말끝을 뒤엎을 것처럼 눈이 쌓여 있으니 새롭게 시작하는 하루다. 처음부터 시작하는 개벽의 날인가 싶기도 하다. 이 세상을 모두 덮은 눈!

누군가를 미워하지 않았나? 이런 날 눈 녹듯 녹여 보아야 한다. 자신은 뜻하지 않았는데, 결과가 누군가를 이용한 것 같은 마음이 들었다면 전화라도 한 번 해보는 것도 좋은 날이다. 곤란한 처지를 당했을 때, 같은 생각을 가진 친구를 찾는 일은 마치 사막에서 오아시스를 만나는 것처럼 기쁜 일이다.

그 누구도 나서지 못하는 일에 스스로의 손해를 감수하고 나서 주는 친구는 귀한 도반이다. 눈치 보고 뒤에서 돌아가는 꼴이나 보자, 하고 방관하는 친구는 이 세상에 널려 있으니, 그 흔한 '아는 사람'인 것이다.

이 눈 덮인 대지에서 파릇한 싹이 봄을 기다리고 있듯이, 그런 도반을 외면했다면 오늘 같은 날은 좋았던 기억과 그리운 마음만 담아서 전화라도 한 통 넣어서 사과하고, 용서를 빌어볼 일이다.

그리고 새롭게 눈 덮인 하얀 길을 걸어가기를 소망해 보자. 눈길에 찍은 발자국은 눈이 녹으면 사라질지 모르지만, 발목을 적신 욱신거리는 교감은 아주 오랫동안 둘 사이를 뜨겁게 녹일 것이다.

눈 오는 이런 날은 모두를 '용서'하는 아름다운 날이다. 따스한 아랫목을 찾듯이, 또한 고마운 사람들에게 그동안 아무 말 못 했던 만큼 위안을 주고 싶은 날이기도 하다. 화해의 눈길, 그 길을 걸어가는 한 줄기 바람처럼 우리는 용서와 화해로 거듭나는 오늘이기를 바라 본다.

경계儆戒하는 법

사마천은 금세기를 통해 가장 위대한 역사서인 사기史記를 저술한 위대한 역사가이다.

동서양 의식 있는 모든 학자들은 그의 저서 사기를 연구하고 또 그의 가르침을 추종하고 따른다. 시진핑으로부터 벌어지는 작금의 중국 문화의 원류에도 이 사마천의 사기가 가장 널리 활용된다그 한다.

중국의 천하 지배는 방대한 역사를 기록하고 스스로 주관적 견해를 밝힌 사마천 같은 학자가 있었기에 가능했던 일인지도 모른다. 사마천이 이런 위대한 역사서를 집필한 원동력은 무엇이었을까?

사실 사마천은 아버지 사마담으로부터 그 유언을 받는데, 그것은 바로 자신이 써오던 역사서를 완성해 달라는 유언이었다.

아버지 사마담은 어떤 인물이었을까? 사마천의 아버지 역시 사가史家였다.

당시 한나라 무제는 진시황제와 더불어 중국의 성산인 태산에서 봉선제를 지낸 두 번째 인물이다. 옹정, 즉 진시황제는 천하를 통일한 후에

태산에서 오직 황제만 치를 수 있다는 행사, 천제天祭를 지낸다.

하지만 이 천제를 어떻게 지냈다는 기록은, 그 이전에 지낸 사람이 없어 방식을 몰랐다. 더군다나 함부로 천제를 지내면 하늘의 노여움을 산다고 유학자들이 들고 일어나 심한 반대에 봉착한다.

그러나 영정(진시황의 본명)은 "천하를 얻었으니 스스로 황제라 칭하고 나는 태산에서 천제를 지낼 것이다"라며 유학자들의 반대를 무릅쓰고 부득불 제사를 지내고 만다. 그러다 벼락을 맞는데, 소나무 밑으로 피해 겨우 목숨을 건졌고, 이 소나무는 벼슬을 얻는다.

유학자들은 "저 봐라, 천제를 잘못 지내 벌을 받았다"라고 놀려댔다. 진시황제는 훗날 이런 유학자들을 모조리 죽이는데, 그것이 그 유명한 분서갱유焚書坑儒라는 책을 불사르고 유학자들을 잡아 죽인 일련의 사변이다.

어쨌든 진시황제 다음으로 황권을 강화한 한 무제가 태산에서 봉선제를 치른다. 진시황제 시절 봉선제를 지냈지만 "나 이외 천제를 지낼 수 없다" 하여 모든 기록을 불사른 덕분에 다시 그 절차와 방법을 연구해야 했다. 그 당시 사마천의 아버지가 그 일에 참여해서 각고의 노력으로 봉선제 의식을 완성한다.

역사가로서는 최대의 영광인 봉선제를 기록하는 일. 그러나 애석하게도 봉선제를 치르기 수일 전 그만 목숨이 졸하는데, 그때 아들 사마천에게 유언을 남긴다. "부디 내 손으로 시작한 이 방대한 역사의 기록을 네가 완성해 달라"는 말과 함께 차마 눈조차 못 감고 죽었고, 사마천은 십

113

년 후 아버지처럼 사가가 된다.

사가로 봉직하던 당시 사마천은 당시 유명한 장군인 이릉을 황제가 벌하려 하자 그래서는 안 된다고 이릉 장군을 옹호하고 나선다.

물론 사마천과 이릉 장군은 일면식도 없었다. 이릉 장군은 불과 5천의 군대로 흉노 3만의 기마부대와 정면으로 마주쳤고 죽기 살기로 싸워 승리한다. 지금으로 하면 일반 부대가 숫자가 훨씬 많은 탱크 부대와 싸워 이긴 것과 다름없는 전공이었다.

이에 열 받은 흉노의 왕은 그의 병력을 모두 집결시켜 이릉 부대를 치러 간다. 무려 8만 기병이 불과 5천도 안 되는 일반 병사를 상대로 전쟁을 치른 것이다. 결과는 불을 보듯 뻔했고, 강력히 싸우던 이릉 장군은 어쩔 수 없이 항복을 한다. 한 명의 병사라도 더 살리기 위한 고육지책이었다.

그의 이런 능력을 높이 산 흉노의 왕은 그를 사위로 삼기로 한다. 그런 이릉을 한나라 조정에서는 반역자로 몰았다. 하지만 사마천은 그런 그를 변호했고, 결국 그 일로 한 무제의 노여움을 산다.

사형이 언도되었다. 하지만 사마천은 죽는다면 아버지의 유언을 지키지 못할 것이기에 오형 중에 하나인 남자의 생식기를 발라내는 궁형宮刑을 자처한다. 생식기가 잘린 남자, 모든 오욕을 떨쳐 버리고 그는 그 위대한 역사서를 완성했던 것이다.

우리는 시련에 당하면 목표의식을 잃고 만다. 하지만 뜻이 있는 자는 어떤 경우에도 다시금 일어나는 법이다. 모든 절망은 새로운 길의 이정

표인지도 모른다.

　절망을 경계로 삼고 그 같음을 경계하는 것이 우리의 삶이 아닐지. 내 귀에 못이라도 즐겨 듣기에 좋지 않다고 말하면 그는 좋은 지도자가 아니다. 내 귀에 향기로운 꽃이라도 과감히 물리치는 법을 알아야 어느 곳에서든 훌륭한 지도자가 되는 것이다.

참새처럼

철없고 개구쟁이였던 시절, 새총으로 처음 참새를 잡은 일이 있다. 재미 삼아 돌멩이를 새총에 얹어 쏘았는데 맞은 것이다. 땅에 떨어진 새는 눈이 예쁘고 노란 부리를 앙다문 모습도 예뻐 이름이라도 지어 주고 싶었지만 암수도 모르겠고 금방이라도 깨어날 것 같아 뜰에 있는 감나무 가지 위에 올려 주었다.

다음 날 아침, 참새 상태가 궁금하여 나무 주위를 살펴보았으나 사라지고 없다. 날아갔는지 다른 짐승의 먹이가 되었는지는 알 수 없지만 살아서 어디서든 잘 살기를 빌어 주었다.

며칠이 지난 어느 오후, 우연히 처마 밑에 있는 참새 집을 보았다. 혹시 지난번 그 새가 살아서 저곳에 집을 지은 것은 아닐까 생각하며 안을 보았지만 새는 보이지 않았다.

다음 날 둥지를 들여다보자 알을 품고 있던 참새가 놀랐는지 날아가 버렸다. 다시 돌아와 알을 품으리라 생각했지만 호기심에 새를 잡았던 기억은 오래도록 남아 있다.

지금도 하늘 높이 날아가는 새떼를 보면 어린 시절 새총으로 잡았던 작고 귀여운 참새가 생각난다.

언젠가 서울에 갔었을 때 일이다. 아직은 쌀쌀한 이른 봄, 중앙우체국에 볼일이 있어 명동거리를 지나고 있을 때, 근처 3층짜리 건물에 '부루의 뜨락'이라는 간판이 걸린 음반가게에서 흔히 들을 수 없는 샹송풍의 노래가 흘러나왔다. 잠시 걸음을 멈추고 안을 들여다보니 30대 초반으로 보이는 여자가 노래를 잘 아는 듯 머리를 앞뒤로 흔들며 리듬을 타고 있었다.

작은 키의 여자는 청순하고 세련되어 보였고 맑은 눈동자에 목련꽃과 같은 아이보리색 투피스를 입고 서 있었다. 마치 어린 시절 우리 집 마당에 피어 있던 목련처럼.

나는 조금 서먹하기는 했지만 샹송풍의 노래에 대해 물었고 여자는 약간 놀라는 듯하더니 샹송에 대한 이야기를 들려주었다.

노래는 '프렐'이라는 가수가 부른 '참새처럼'이라고 했다.

참새처럼

고양이가 기어 다니는 처마 옆, 몽파르나스 어딘가의 다락방에서
나는 이 세상에 태어났네. 아버지와 어머니는 무척 가난했으며
오래전부터 사이가 나빠져 별로 사랑하고 있지 않았네.
그리고 방에서의 식사 시간에는 나는 흔히 마실 것도 없이
내팽개쳐져 있곤 했지. 참새처럼 주둥이를 벌린 채로.
다른 아이들이 모두 학교에 가서 머릿속에 착실하게 문법을

채워 넣을 무렵의 나이에도, 개구쟁이들과 함께 구석에서
소꿉놀이를 했다네. 이런 순진하고 사랑스런 놀이가

프렐은 파리 태생으로 집이 가난하여 어려서부터 여러 가정에 맡겨졌으며, 5세 때 거리를 유랑하는 장님가수를 따라 다니며 싸구려 술집에서 듣고 익히며 샹송을 불렀는데 술집이 그녀의 음악학교였다고 한다. 결혼했으나 이혼하고 두 번째 파국을 맞았을 때는 자살도 시도했다. 아픔을 잊기 위해 외국생활을 하였으나 술과 마약에 중독되어 다시 파리로 돌아왔다.

재기에 성공해 대중을 사로잡았으나 알코올과 마약 중독이라는 비난은 평생 그녀를 따라다녔고 1951년 2월 몽마르트 거리의 값싼 호텔 방에서 생을 마쳤다고 한다.

이 '참새처럼'은 프렐이 부른 명곡의 하나로 1931년에 레코딩하였고 몇 해 뒤 에디트 피아프라는 여가수가 라 몸드 피아프(참새 같은 소녀)라는 예명으로 데뷔했는데 참새처럼 몸집이 작아 그렇게 불리었다고 한다.

명동 '부루의 뜨락'을 다시 찾은 것은 그로부터 꽤 많은 세월이 지나서였다. 주인 여자가 나를 알아보고 반기는 것으로 보아 샹송을 들을 때면 나를 생각했는지도 모를 일이다. 오래전 여기서 사온 음반을 잘 알지도 못하면서 밤늦도록 듣던 기억을 떠올리며 주인과 가볍게 인사를 하고 헤어졌다.

지금도 나는 거리를 가다가 음반가게를 보면 '참새처럼'이 들리지 않

을까 하며 명동을 떠올린다. 〈접속〉이라는 영화를 보게 된 것도 '부루의 뜨락'이 그 영화에 등장해서일 것이다.

가끔 그 가게가 아직도 있는지 궁금해 하면서 또 몇 년이 지났다. 얼마 전 오랜만에 명동을 갔는데 반갑게도 아직 그 자리를 지키고 있는 '부루의 뜨락'.

더 반가운 것은 그 여주인도 함께. 다만, 세월이라는 놈은 꽃처럼 피어나던 청춘을 반백의 노인으로 바꾸어 놓고도 말이 없다.

제로섬zero-sum

질량 불변의 원칙이란 것이 있다. 질량 보존의 법칙 또는 물질 불생불멸법이라고도 하는데, 화학반응의 전후에 반응 물질의 모든 질량과 생성물질의 모든 질량은 변하지 않고 일정하다는 법칙이다.

한쪽이 득을 보면 반드시 다른 한쪽이 손해를 보는 제로섬zero-sum이란 말도 있고, 하나의 문제를 해결하면 다른 쪽에서 문제가 발생하는 풍선효과라는 말도 같은 맥락으로 볼 수 있다.

부처님께서는 이미 2,500여 년 전에 이러한 이치를 깨닫고 모든 것은 공하다는 반야경을 설파하셨으니 현대를 살아가는 우리로서는 그저 감탄하고 머리 숙여질 뿐이다.

흔히 '+, - = 0'이라는 표현을 많이 한다. 장사하는 사람들의 넋두리 정도로 들리겠지만 '이것저것 제하면 남는 것이 없다'는 말도 틀리지 않은 것이 자기가 이윤을 많이 남기면 소비자가 그만큼 손해를 보는 결과가 되기 때문에 적당한 선에서 장사해야 하는 것이다.

나는 산속 절간에서 목탁이나 치고 사니 그럴 일이 없지만, 신도 중에

주식 투자를 하는 분들이 있다. 모두 잘되고 돈을 많이 벌면 좋겠지만 이치로 따져 보면 절대 있을 수 없는 일이기에 가급적 말리는 편이다.

날고 긴다는 외국 투자자들과 전문가들로 꾸려진 기관 투자가. 거기에 기업 내부사정을 손바닥 들여다보듯 정통한 기업들을 상대로 일명 개미로 불리는 개인 투자자들이 승리할 수 있을까?

가을철 몽땅 수확해간 논에서 운 좋으면 이삭 몇 개 정도는 주울 수 있겠지만 가마니에 담을 수 있을 정도의 벼는 구경할 수 없을 것이다.

상대가 될 수 없는 싸움이다. 운동 중에서도 싸움을 하는 종목은 비슷한 체급끼리 맞붙는다. 힘없는 어린아이와 건장한 어른이 싸우는 모습을 본 적이 있는가? 패하지 않는 싸움을 하는 방법 중에는 싸워 봤자 뻔히 질 싸움은 피하는 것이 상책이다.

힘이 약한 나라가 강한 국가를 상대해서 전쟁을 일으킨 역사가 있는가? 전쟁이 나면 목숨을 바쳐서라도 조국을 지켜야 하는 군대와는 직접 비교할 수는 없어도 저쪽에서 이익을 내어 가져가는 돈이 내가 손해 보는 돈이라는 것은 알아차려야겠다.

주식 투자보다 더 심각한 부류의 사람들이 있다. 패가망신의 지름길, 도박! 지금은 흔히 볼 수 없는 광경이지만 80, 90년대만 하더라도 이 나라가 온통 고스톱이라는 화투에 빠진 적이 있었다.

직장인들은 짧은 점심시간에도 밥값 내기 고스톱을 치느라 식당 구석 여기저기서 판을 벌이고 여유롭고 즐거워야 할 식사 시간이 얼굴 붉히고 고함지르고 난리통이나 다름없었다.

아무리 밥값 내기라고는 하지만 내 주머니에서 돈이 나가는 것은 싫은 법이니 잃지 않으려고 기를 쓰며 매달리는 것이다.

서로 잘 아는 직장 동료이니 일명 타짜라는 전문 도박꾼에게 당할 염려는 없지만 실력 차이는 분명 있을 터, '운칠기삼運七技三'이라는 말로 자신의 운을 믿으려 하지만 착각에 불과하다.

얼마든지 운삼기칠運三技七로도 바뀔 수 있는 것을 알아야 한다. 열 번을 쳐서 일곱 번 지고 세 번을 이기면 확률 30%의 어리석은 싸움에 시간을 허비하는 것이다. 그냥 내 돈 내고 맛있는 식사를 하는 것이 현명하다.

내기에서 졌다는 핑계로 내가 밥 샀다 자위해 봐도 속은 쓰릴 것이고, 내가 땄다면 누군가는 속에 불이 날 것이다. 밥값 내기 고스톱은 친목 도모라는 구실과 도박이라는 처벌 사이에 논란도 있었지만, 단속을 피해 불법 도박장, 일명 하우스라고 하는 비밀 장소에서 도박을 하다가 적발된 사람들은 변명의 여지가 없었다.

한때 연일 매스컴에 단속 장면이 나오고 심지어 한적한 농촌의 비닐하우스에서조차 도박판을 벌이다가 적발된 가정주부들의 모습은 사회적으로 많은 비난을 받았고, 매우 충격적이었다.

일확천금과 자신의 운을 믿고 도박의 유혹에 빠지지만, 돈을 딸 수 있는 확률은 극히 낮다.

이치로 따져 보자. 일단 판을 벌이면 판을 이기는 사람이 자릿세로 얼마씩 떼고 나머지를 취할 것이고 그런 판이 계속되다 보면 그 판의 돈이 결국 어디로 가겠는가?

　불법으로 하우스를 개설한 사람과 그 일당들이 돈을 가져가면 거기서 도박한 사람들이 돈을 딸 확률은 시간이 갈수록 낮아지게 되어 있다.

　거기다가 처음에는 따게 해주다가 나중에 한 번에 끝낸다는 기술자라도 섞여 있으면 돈을 딸 확률은 제로이다. 왜? 몽땅 잃을 것은 불 보듯 분명하니까.

　욕심이 지나치면 화를 부르고 과한 것은 부족함만 못하다는 평범한 문구를 양쪽 귀가 뚫려 있다고 흘려보내지 말고 이제라도 부처님의 반야심경을 가슴속에 품어 보자.

　아제아제 바라아제 바라승아제 모지 사바하.

하얀 거짓말

신흥사의 행자 시절, 거짓말을 밥 먹듯이 하는 도반이 있었다. 그의 입에서 나오는 말은 으레 거짓말이려니 한다. 그러나 그의 거짓말은 언제나 흥미진진해 어느새 귀를 기울이곤 했었다. 그 도반은 같은 말이라도 이야기할 때마다 살을 붙여 말한다. 하여간 상상력이 대단히 풍부하다. 그런데 그 도반에게 거짓말을 한번 했다가 두고두고 마음고생을 한 적이 있다.

내게 아주 특별하다면 특별한 게 있는데, 다름 아닌 암기력이다. 이런 능력은 타고나는 것이다.

공부에는 별로 취미가 없는 개구쟁이 악동이었던 나는 초등학교 시절에도 마음만 먹으면 얼마든지 해내고야 마는 성미가 있었다.

하루는 한 친구 녀석에게 예쁜 여동생이 있다는 것을 알게 되었는데 어떻게 하면 그녀에게 잘 보일지 고민했다. 공부라면 고개를 흔들던 내가 고민 끝에 발견해낸 것은 공부를 잘하면 여자애들에게 인기가 높다는 사실이었다.

그 순간에 나는 공부해야겠다고 마음먹고 책을 읽기 시작해서 얼마 지나지 않아 교과서를 전부 외워 버린 적이 있었다.

출가자라면 누구에게나 행자 시절 초기에는 모든 것이 낯설게 마련이다. 은사스님은 신흥사 모든 대중에게 낮에는 매우 엄격하게 계율대로 행하도록 하였지만, 저녁이면 특히 행자들에게는 섬세하고 따뜻하게 마음을 써주셨다.

나보다 좀 더 일찍 출가한 행자에게 때로는 마음의 상처도 받게 되다 보니, 내가 도반들보다 더 잘할 수 있는 것은 경전을 하루라도 빨리 익히는 것이었다. 나는 금강경을 배운 지 1주일 만에 완전히 외워 버렸다.

어느 날 나보다 좀 더 일찍 들어온 행자는 금강경을 배우자마자 어떻게 그렇게 빨리 외울 수 있냐며 그 비법을 알려 달라고 했다.

처음에는 들은 체도 안 했는데, 하도 귀찮게 굴기에 "알려 주겠다"고 대답을 하고 말았다. 그날부터 행자는 큰스님께서 드실 별식으로 만든 음식을 남겨 두었다가 내게 몰래 주곤 하였다.

금강경을 빨리 외우는 비법이 있는 것도 아니고, 있다고 해도 특별히 가르쳐 줄 마음이 없던 나는 행자 도반에게 어떻게 해야 할지 몰라 밤이면 고민하다가 잠에 곯아떨어지곤 했다.

어느 날인가 도반은 정색하고 이제는 금강경을 빨리 외우는 법을 알려줄 것을 요구했다. 더는 버틸 수가 없던 나는 금강경 책을 밤에 잠잘 때 베개처럼 베고 자면 잠자는 사이에 금강경 구절이 머릿속으로 쏙쏙

들어와서 외워지는 것이라고 거짓말을 하고 말았다.

조석으로 예불 때마다 '망어중죄금일참회妄語重罪今日懺悔'를 하면서 거짓말은 좋지 않다는 생각이 들었지만, 구실이 없어서 사실대로 얘기를 못 한 채 시간이 흘렀다. 그 후로는 한동안 조용히 지낼 수 있었다.

지금도 그때 일을 생각하면 웃음이 나온다. 그러나 지금 다시 행자 도반이 금강경을 빨리 외우는 비법을 알려 달라고 하면 암기력은 타고나는 것이라고 사실대로 말해 주지는 않을 것이다.

어렸을 때 어른들은 나만 보면 다리 밑에서 주워온 아이라며 놀리곤 했다. 나중에 커서야 그 말의 깊은 뜻을 알 수 있었지만, 당시로서는 정말 그럴지도 모른다고 생각을 했다. 흔히 아이에게 쓴 약을 먹일 때에도 "달다"면서 먹인다. 원치 않는 사람에게서 전화가 왔을 때 "없다고 해"라며 피하는 일도 많다.

작고 사소한 일 같지만 이런 경험을 하면서 아이들은 어느새 이 사회의 거짓말과 부조리를 배워 가는 게 아닌가 하는 생각도 해본다.

가장 흔한 거짓말은 무엇일까? 약속 시각에 늦었을 때 하는 "차가 밀려서"라는 말이라고 한다. 중국음식점에서 "곧 나옵니다"라는 말도 거짓말인 경우가 많다. 또 "언제 점심이나 하자"고 하는데, 이 말도 진심이 담기지 않은 거짓말이었을 때가 많다.

정도의 차이가 있을 뿐 사람은 누구나 거짓말을 하면서 사는 것 같다. 사실과 다르게 말하는 게 거짓말이다. 사실보다 축소하거나 확대하는 것도 거짓말이다. 없는 것을 있는 것처럼, 있는 것을 없는 것처럼 말하는 것도 거짓말이다.

영국에서는 남에게 해를 끼치지 않는 거짓말을 하얀 거짓말이라고 하고, 죄 있는 거짓말을 까만 거짓말이라고 한다.

토머스 에디슨은 세계에서 가장 많은 발명품을 남겼지만, 어릴 때부터 유독 엉뚱한 짓을 많이 하여 사람들에게 좀 모자란 아이로 알려졌다고 한다. 그러나 그에게는 어머니의 하얀 거짓말로 유명한 일화가 있다.

그는 초등학교에 입학하고 나서 선생님에게서 받은 편지를 엄마에게 전해 주었다.

편지를 읽는 엄마의 손끝이 떨리었다. 그런 엄마를 쳐다보던 아이에게 엄마는 웃음을 지으며 편지를 큰소리로 읽어 주었다.

"당신의 아이는 천재입니다. 하지만 아쉽게도 우리 학교에는 당신의 아이를 가르칠 만한 선생님이 없습니다. 그러니 어머니가 직접 아이를 가르쳐 주십시오."

세월이 흘러 성공한 과학자가 되어 어머니의 유품을 정리하던 그는 편지 한 통을 발견하였다. 편지를 읽던 그는 흐르는 눈물을 참을 수가 없었다. 편지에는 충격적인 내용이 적혀 있기 때문이었다.

"당신의 아이는 지적장애가 있습니다. 그렇기 때문에 다른 아이들과 함께 가르칠 수 없습니다. 이제는 아이를 학교에 보내지 않았으면 합니다."

그는 자신의 일기장에 이렇게 기록하였다고 한다. '나는 지적장애가 있었지만, 어머니는 나를 천재로 만들었다.'

그가 바로 인류 역사상 가장 위대한 발명가 중 한 사람인 토머스 에디슨이다. 하얀 거짓말은 따로 누군가에게는 그 사람의 인생을 바꾸는 계기가 된다.

하얀 거짓말은 타인을 배려하기 위한 사회적 관습으로 대인관계의 윤활유이자 대화에 활기를 주는 역할을 한다. 사람들은 위안이 되는 거짓말을 믿는 것이다.

거짓말을 해야만 하는 고통을 너무나 잘 알면서도 우리는 타인의 감정을 상하지 않도록 해롭지 않은 사소한 하얀 거짓말을 한다.

그러나 요즘 우리 사회에는 해롭고 이기적인 뻔뻔하고 사리사욕을 채우는 '까만 거짓말'이 판을 치고 있으니 큰일이 아닌가 싶다.

사돈의 8촌

우리나라 사람들처럼 관계를 맺거나 맺히기를 좋아하는 민족이 또 있을까? 특히 권력을 가진 사람의 힘을 빌려 곤란한 문제를 해결하려는 사람들이 더욱 그렇다.

영화 〈범죄와의 전쟁〉에서의 대화의 일부이다.

"느그 서장 남천동 살제?"

"어! 아, 예. 그걸 어….."

"내가 인마, 어제 응~ 느그 서장하고 같이 사우나 했어! 인마."

폭력 조직 혐의로 경찰서에 잡혀 왔으면 형사의 수사에 응하면 될 것을 인맥을 이용해 빠져나가려는 자기 허세이고 서장과 친하다는 인식을 줌으로써 형사에게 은근히 압박을 가하고 형사가 주춤하면 상황에 따라 큰소리로 기세를 제압하려는 꼼수이다.

훗날 코미디 프로그램에서 패러디하여 많은 웃음을 주기도 했지만 이런 사고방식이 통하는 사회라는 것이 씁쓸하다.

아직도 같은 성씨가 모여 사는 집성촌도 많고 명절이나 제사 때면 일

가친척들이 모여 혈연의 인연을 이어 간다. 천년을 내려온 집안도 있고 최상위 권력을 누렸거나 학자를 배출한 명문가도 있다. 각각의 집안마다 현재의 자신과 연관된 일로 자랑스럽게 족보를 만들어 후세에 물려주기도 한다.

혈연뿐만 아니라 학연, 지연, 동문 등 무슨 작은 끄나풀만 있어도 붙들어 매려 한다. 우스갯소리로 '세계 3대 불가사의'라고 하는 해병대 선후배, 호남 향우회, 고대 동문회 등은 타의 추종을 불허하는 끈끈한 인연을 자랑하고 오늘도 이어진다. 이러한 집단이 나쁘다는 것은 아니지만 더 큰 대동단결에 걸림이 되고 그들만의 리그가 되는 것 또한 부정하기 어렵다.

무리사회에서 혈연으로 인해 점차 씨족사회로 발전하다 보니 자연스럽게 같은 편이 되어 똘똘 뭉치는 결과를 가져왔고 국토가 크지 않은 것도 이유가 되었을 것이다.

무작위로 서울에서 한 명, 제주에서 한 명을 뽑아 세 사람만 거치면 아는 사이가 된다는 말이 있을 정도로 분명 크지 않은 나라이지만 인연 엮기를 좋아하는 우리의 풍습이 더 크게 작용했을 것이다.

사촌이나 이종, 고종사촌은 지금도 왕래를 하는 가까운 친척이지만 6촌이나 8촌은 예나 지금이나 거의 왕래를 안 하는 먼 친척임에도 남들보다는 특별하다.

오죽하면 '사돈의 8촌'이란 말이 있을까? 사돈 집안의 8촌까지도 인연으로 삼고 싶은 우리의 정서가 담긴 말이다.

불가에서는 옷깃만 스쳐도 인연이라 했다. 또 인연은 그만큼 소중하기는 하지만 작은 인연에만 얽매여서는 더 큰 인연을 맺기 힘들다.

마당을 나온 암탉처럼, 닭장 안에 갇혀 살기보다는 많은 어려움과 위험이 닥치더라도 더 큰 세계로 나가 더 많은 인연을 간나는 것이 좋다.

지금 우리는 지구촌도 이웃이라는 범세계적인 국제화 시대에 살고 있다. 죽을 때까지 얼굴 한번 못 보고 말 한마디 못 하더라도 지구라는 무대에서 같은 시대에 함께 살아가는 인연이 있는 것이다. 단순한 것은 단순해서 좋지만, 다양성은 민주국가로의 완성에 토대가 되는 것이다.

'나는 나고 너는 너다'로 경계를 그으면 나도 볼 수 없고 상대도 볼 수 없다. 작고 좁은 세상에서 벗어나 더 큰 세상을 만나 보자. 사돈의 8촌까지를 넘어서서 그 이상의 인연을 맺어 보면 어떨까?

다른 것과 틀린 것

　우리가 세상을 살다 보면 수많은 사람과 부딪히며 이야기하게 된다. 가족이나 친척, 친구, 직장동료, 선후배 등등은 물론 처음 보는 사람과도, 다시는 못 볼 수도 있는 사람과도 대화한다.

　그런데 말을 하다 보면 나나 상대나 잘못된 단어나 문구를 사용할 때가 있는데, 보통은 상대의 실수만 귀에 들려온다. 자기에게 관대하고 남에게 엄격하다는 것을 떠나 자기가 무슨 말을 잘못했는지조차 인지하지 못하는 경우가 대부분이기 때문이다.

　내가 국문학자도 아니고 남을 가르치는 사람도 아니지만, 이왕이면 바른 말을 써야 한글을 만드신 세종대왕님께서 기뻐하시지 않을까.

　내가 불편하게 듣는 말 가운데 가장 많은 것은 '다르다'와 '틀리다'의 사용이다. 예를 들어, 너는 나와 생각이 '다르다' 하는 것을 너는 '틀리다'로, 김치찌개와 된장찌개는 맛이 '다르다' 하는 것을 맛이 '틀리다'로, 남자와 여자는 '다르다' 하는 것을 남자는 여자와 '틀리다'로 등등 '다름'과 '틀림'을 구별하지 않고 사용하는 경우가 너무 많다.

그러다 보니 '나는 맞고 너는 틀렸다'라는 인식이 자리하게 되고 결국에는 불교에서 경계하는 내가 나인데 하는 '아상'에 사로잡혀 다름을 인정하지 않는다.

민주주의의 시발점은 너와 내가 '다름'을 인정하는 데서 비롯된다. 보수와 진보, 우익과 좌익은 결코 하나가 될 수는 없더라도 서로의 이념이 '다름'을 인정한다면 오늘날 이 나라 정치판은 훨씬 세련되었을 것이다.

배려와 변명

남을 배려할 줄 아는 사람은 자신을 위해 변명하지 않는다.
"이 사람이 죽으려고 작정했나? 직진 신호에서 좌회전을 하면 어떡해요?"
"아니, 그렇게 빨리 달려오면 어떡해요?"
동두천에 볼일이 있어 들렀다가 돌아오는 길이었는데 도중에 앞차가 교통사고가 났다. 바로 우리 앞에 달리던 차가 저만치 횡단보도 신호등 앞에서 좌회전하려는 차와 충돌한 것이다.
일차적으로 신호를 위반한 좌회전 차가 잘못을 했지만 전방주시를 태만히 한 앞차에게도 잘못이 있어 보였다. 브레이크도 밟지 않고 계속 달리는 앞차에 경적을 울려 주었으나 무슨 딴 생각을 했는지 그대로 충돌한 것이다. 잠시 후 두 차에서 거의 동시에 60대 정도로 보이는 두 남자가 내리자마자 한 첫말이다.
잘잘못을 따지기 전에 차가 충돌했으면 먼저 상대방의 몸 상태를 물어보는 것이 순서일 터인데, 자신의 잘못을 덮기 위해 상대방 탓을 한다. 일요일이라서 잠시 잠깐 사이에 차들이 줄지어 서지만 두 사람은 아

랑곳하지 않고 시시비비에 열을 올린다.

　불법 좌회전한 사람은 그냥 잘못을 인정하고 사과하면 되고, 달리던 차도 잠시 못 봤다고 사과하면 나머지는 경찰이나 보험사에서 처리할 일을, 차로에 차를 세워 놓은 채 시간을 허비하면 그 피해는 오롯이 그 시각에 그곳을 지나는 사람들이 받는다. '대꽃은 두꺼비 돌에 맞은 격' 아닌가?

　배려는 사랑이고 자비심이요 변명은 자기 욕심이고 탐욕에서 나온 것이다.

　신도 중에 '때밀이' 봉사를 했다는 한 거사와의 이야기가 기억난다.

　1990년대 후반에 경주보건소에서는 전국에서 처음으로 장애인을 위한 이동목욕을 시행했다고 한다. 거동이 불가능한 중증 환자를 찾아 집 앞에까지 목욕차량을 이동해서 따뜻하게 물을 데워 몸을 씻겨 주는 일인데 이게 보통 일이 아니란다.

　그들은 혼자 힘으로 움직일 수 없다 보니 몸을 씻지 못하는 것은 물론 등창이나 욕창까지 생겨 살이 썩는 냄새가 코를 찌르는데 이런 환자를 업어서 차까지 가야 하니 웬간한 마음먹고는 할 수 없는 일이라 했다.

　이동이 가능한 경증 환자들은 장애인 복지회관 목욕탕을 이용하고 일주일에 한 번씩 요일을 정하여 남녀 구분해서 하는데 봉사자가 적은 날은 한 사람이 열 명도 넘게 때를 밀어 준다고 한다.

　왜 그런 힘든 일을 했느냐고 물으니, 몸은 고단하지만 직접 찾아가서 부대끼며 답답한 방에서만 지내는 것보다 단 한 사람이라도 방문을 열고 나와 밝은 바깥세상의 공기를 마시게 하고 싶은 소망이 있어 이 일을 시작했다는 것이다.

"때밀이 봉사로 장애가 있는 사람의 장애를 해결해줄 수는 없겠지요. 하지만 자꾸 절망하려는 그들의 마음을 잡아 주는 데 조금이라도 힘이 되지 않을까요?"

실제로 2, 3주가 지나자 한 발짝도 움직이지 못하던 사람이 얼굴색이 밝아지더니 삶의 의지도 생겨 재활을 열심히 해서 휠체어를 타고 다니는가 하면 또 다른 장애인은 운전을 배워 차까지 몰고 다니기도 한다니 참으로 그 거사의 공덕은 무량하리라.

배려가, 사랑하는 마음이, 자비심이 없으면 결코 할 수 없는 일이다. 배려는 일상적인 대화에서도 쉽게 볼 수가 있다.

상대가 말을 하면 무슨 말인가 잘 듣고 난 후 자기 생각을 말하면 되는데, 중간에 툭 튀어나와 자기주장을 하는 경우가 비일비재하다.

상대가 자기와 생각이 다르면 어떻게든 가르치거나 굴복시켜 자기 뜻에 따르도록 핏대를 올린다. 상대방의 이야기를 끝까지 들어 주는 것이 대화의 기본이고 예의인데, 보통사람들이 그렇게 하지 못하는 것은 배려하지 못해서이다.

한국말은 끝까지 들어 봐야 안다는 농담어린 진담이 있다. 말하는 사람이 뒤에 무슨 말을 할지 알지도 못하면서 끊거나 끼어들어 자기 이야기만 하면 좋아할 사람은 하나도 없다. 자기가 말하는데 도중에 끊거나 부정하는 사람을 어떤 사람이 좋아하겠는가?

남에게 사랑받고 싶으면 먼저 사랑해야 한다는 것을, 대으받고 싶으면 먼저 대접해 줘야 하는 것을 알면서도 잘못하는 것은 배려하는 마음보다 욕심이 앞서기 때문이다.

아상! 나라는 존재를 내려놓고 마음을 비워 보자. 상대가 선명하게 보일 때까지.

정, 나누는 기쁨

사랑보다 더 슬프고 더 구섭다는 것이 정이라는 말이 있다. 사전적 의미는 '오랫동안 지내 오면서 생기는 사랑하는 마음이나 친근한 마음'이라고 설명하고 있으나, 한마디로 설명할 수 없을 정도로 광범위하고 어려운 것이 정이란 말이 아닐까? 정을 표현하는 단어만도 무수히 많고 정을 소재로 한, 옛시조, 소설, 시, 노래 등을 어디서나 쉽게 찾아볼 수 있다.

어머니의 모정, 아버지의 부정, 사랑하는 사람의 애정, 연정, 첫정, 순정, 친구 간의 우정, 부대끼며 살아가는 사람 간의 인정, 유정, 무정 등 상황에 따라 각기 다른 이름으로 변하는 것이 정이라서 수학 공식처럼 이것은 이러하다 정의할 수 없다.

외국인의 눈에 비친 우리 민족은 정이 많아 정으로 이뤄진 사회, 또는 국가라고 하지만 어느 나라든 정은 다 있다. 역사와 문화가 다르다 보니 느낌이 다를 뿐 태생이나 난생은 모두 부모가 있게 마련이고 모정이 생명의 근원임은 만국 공통일 것이다.

사랑은 유통기한이 3년을 넘지 못하지만 정은 유통기한이 없다는 우스갯소리가 있다. 사랑해서 결혼한 사람들이 그 사랑이 식으면 다투고 화내고 싫어지면 헤어지지만, 미운정 고운정이 들 대로 든 사람들은 평생을 함께하는 걸 보면 괜한 말은 아닌 것 같다.

'정이란 주는 걸까 받는 걸까'라는 노랫말도 있듯 주고받는 것으로 표현한다. 내 마음이 저 마음으로 들어가서 저 마음이 내게로 올 때 정이 생기기 때문일 것이다.

700년이 지난 지금도 많이 읊조려지는 고려 말 이조년이라는 문신의 〈다정가〉 중 '다정도 병인 양 하여 잠 못 들어 하노라'라는 구절은 시대를 초월한 연애시의 백미라 할 정도다.

우리나라 최초의 현대 장편소설인 이광수의 〈무정〉도 정을 소재로 했고 수많은 사람들이 각각의 정을 자기 나름대로 나타낸 작품을 많이 볼 수 있다.

포근한 느낌을 주는 정이란 말도 좋은 표현만 있는 것은 아니다.

경상도에서 주로 쓰는 '덧정 없다'라는 말은, 더 이상 이끌리는 마음이 없다는, 정 떨어진다는, 그래서 싫다는 말을 에둘러 표현한 것이다.

많아도 한이 생기고 끊어도 한이 생기는 것이 정이다. 우리 민족이 한이 많다는 것은 어쩌면 정이 많아서 생긴 필연은 아닐는지? 본의 아니게 끊겨진 남북 이산가족의 이별의 한은 통일이 되면 풀리려는지?

영화로도 나왔지만 '인정사정 볼 것 없다'는 말도 섬뜩한 느낌을 준다. 우리는 옛날부터 콩 한 톨도 나눠 먹는 이웃 간의 인정도 있는데 무슨

원한이 있어 이런 살벌한 말들이 생겨났는지?

 살기 위해 사냥한 먹잇감을 산 채로 잡아먹는, 인간의 입장에서 볼 때 잔인하다 할 정도의 아프리카 들개들도 자기를 낳아준 어미와 갓 태어난 동생들을 위해 기꺼이 제 한목숨을 희생할 줄 아는 가족의 정을 나눌 줄 아는데.

 정을 이루는 마음은 이지적인 면과 감정적인 면이 있는데 불교에서 감정적인 면을 '혼탁한 망념'이라고도 한다. 망상이 일어나는 근본을 돌이켜 보고 지혜를 구하라는 뜻으로 모든 분별을 떠난 경지에서 사물을 명료하게 아는 마음을 깨달으라는 것이지 정이 나쁘다거나 버리라는 것은 아니다.

 이 땅에 서양문물이 들어와 한때는 미제는 똥도 좋다는 말도 있었으나 우리 고유의 전통과는 비교할 수 없다. 겉으로 제 아무리 포장을 잘 해서 '사랑한다'라는 말을 그럴싸하게 해도 내면에 굳게 자리한 신토불이와도 같은 우리의 속 깊은 정 문화는 넘어설 수 없다. 세계 어디에 내놓아도 우수하다는 평을 받는 우리 민족이 아닌가?

 사랑보다 무서운 것이 아니라 사랑보다 한 차원 높은 것이 정이다. 따뜻한 마음에서 우러나오는 온정을 주고받으면서 한 세상 산다면, 행여 깨질까 애태우며 근심 걱정하는 사랑이 부럽겠는가?

사노라면

푸르고 시원한 들판 가랑비에 젖고
여러 가지 심사가 조용히 가라앉는 마을
모였다 흩어지는 세상 사람들
구름곁에 바람결에 그렇게 사는 거라네.

수륙재

소중한 인연

두루미와 인간

달무리와 멍석

자연의 습격

살기 좋은 나라

세 부류의 인간

생명 사랑

도피안사와 나룻배

제4부 | 자연과 하나 되어

살아 있는 모든 생명이
다 같이 소중하다는 진리를
거듭 되새기고
유정무정 모두 소중한 생명을
가진 존재임을 인식하며
인간의 이기심으로 저질러 온
무분별한 살생에 대해서
참회하는 것
수륙재

수륙재

어이 아에 히에 야에 히에 야으으 어 으어 어어 으어…….

영혼을 울리는 저 깊고도 그윽하며 맑고도 평화로운 소리는 어디에서 오는가. 투명한 가을 아침햇살에 섞여 은빛으로 빛나고 있는 화개산을 전율과 환희로 휘감는 소리가 도피안사 대적광전 뜰에 흐르고 있었다.

한국전쟁 당시 가장 치열한 전투 가운데 하나인 백마고지 전투에서 희생된 장병들의 고혼을 위로하고 극락왕생을 기원하는 수륙대재를 알리는 소리이다.

1952년 10월 6일부터 10일까지 치러진 백마고지 전투에서는 아군과 중공군이 24회 충돌해 1만 7천여 명의 전사자가 발생했다.

나무 하나, 풀 한 포기 남지 않을 정도로 처절한 전투에서 산화散華한 전사자들을 위로하고 그 희생에 깊은 감사의 뜻을 표하며 국가의 안녕을 기원하는 불교에 내려오는 전통문화재 의식에서 불보살님과 호국영령을 청하는 소리이다.

수륙은 세상의 모든 존재를 포함하는 십법계十法界의 범부와 성인, 물과 뭍의 생명, 하늘과 땅의 생명, 죽은 이와 산 사람을 포함하며, 이들을 빠짐없이 제도하여 중도불이中道不二로 생명의 소중함을 실천하는 의식을 수륙재라고 한다.

중도라는 것은 이것이 발생함으로써 저것이 일어난다는 인연법·연기법에서 시작하고 있는데, 궁극적인 중도의 목표는 분별심을 일으키지 않고 이분법을 택하지 않는 완전한 열반에 이르는 경지이며 이를 중도불이라고 한다. 중도불이 사상은 누구나 평등하고 만물이 함께 조화로운 삶을 살아가야 한다는 부처님의 가르침이다.

따라서 수륙재水陸齋란 시방의 모든 불보살님과 신중님을 청하여 도량道場에 모시고 온 우주법계와 저승과 이승의 모든 생명들에게 두루 미치는 환희롭고 장엄한 법식을 베풀어, 죽은 이는 반드시 극락왕생하게 되고, 살아 있는 이들은 업장이 소멸되어 무한한 이익과 행복을 누리게 되는 최고의 수행·발심·공덕의 불교의례이다.

도피안사 수륙대재는 대령과 관욕·육법공양·태평무·바라춤·축원 등의 순서로 진행하며, 무주고혼 등의 중생구제의 무량한 복덕을 누리고 불자로서도 발심을 굳건히 하고 자신의 삶을 되돌아보는 수행의 장場이기도 하다.

인간과 가축 등 살아 있는 모든 생명이 다 같이 소중하다는 진리를 거듭 되새기고 유정무정 모두 소중한 생명을 가진 존재임을 인식하며 인간의 이기심으로 저질러 온 무분별한 살생에 대해서 참회하는 것이다.

수륙재는 중국 양나라 무제가 505년에 시행했던 것이 시초이다. 무제의 꿈에 한 스님이 나타나 6도 4생의 중생들이 고통을 받고 있으므로 수륙재를 베풀어 그들을 제도하는 것이 으뜸가는 공덕이라고 말했다는 데서 유래한다.

우리나라에서는 고려시대 971년 수원 갈양사에서 처음 시행했다. 조선시대에 들어서 억불정책의 일환으로 수륙재의 형식을 규제하기도 했으나 폐지하지는 않았다고 한다.

도피안사는 국보 제63호 철조비로자나 부처님좌상이 봉안된 전통사찰로 제1회 백마고지수륙대재를 계기로 앞으로 매년 호국영령의 고혼을 기리고 국가의 안녕과 국민의 평안을 기리는 수륙대재를 봉행하고자 한다.

이것은 부처님의 공덕을 찬탄하고 중생의 원하는 바를 장엄하고도 환희롭게 부처님께 고하는 의식을 통해서, 법음의 그윽한 깊은 소리가 삼라만상 온 우주의 공생공존관계의 유정무정 생명체들을 일깨우고, 더불어 이 지구가 온전하도록 함께 보호하고 보존하자는 간절한 염원을 담아서 생명문화제로 이어 가겠다는 일종의 선언이다.

소중한 인연

부처님오신날, 부처님은 어디서 오셨을까? 부처님이 우리 자신에게 어떻게 오셨는지, 부처님이 우리 자신에게 어떤 존재인지 한번 생각해 볼 일이다.

나는 이 세상을 살아오면서 '만약 부처님의 가르침을 만나지 못했다면 인생이 어떻게 되었을까' 가끔 돌아볼 때가 있다. 삼십대 초반에 불법을 만나게 된 것이 얼마나 고맙고 다행한 일인지 그때마다 절절하게 느낀다. 내 삶의 방향과 가치관이 부처님의 가르침에 의해 형성되었기 때문이다.

사람은 어떤 만남에 의해 형성되고 성장해 간다. 사람이 됐건, 어떤 사상이나 종교가 됐건 그 만남으로 인해서 눈을 뜨게 되고 인식의 영역이 깊어지고 넓어진다.

법당에서 각각 다른 우리가 만나게 된 것도 부처님 가르침 덕분이다. 우리는 이해타산으로 얽힌 사회가 아니라 순수한 믿음의 도량에서 만나 한 스승의 가르침을 따르는 도반이다. 생각할수록 고맙고 소중한 인연들이 아닐 수 없다.

시끄럽고 혼란스런 세상에서 각자 인생관이 자리 잡히고 삶의 지혜와 그 길을 찾게 된 것도 부처님의 가르침 덕이다. 어떻게 사는 것이 보다 인간적인 삶이고 도리인가 부처님을 통해서 알게 되었다.

만약 이 땅에 부처님이 살아 계시다면 과연 어떤 문제를 시급하고 중요하게 생각하실까 생각해 보곤 한다. 내가 알고 있는 부처님이라면 날로 심각해 가는 지구 환경에 대한 문제가 무엇보다도 첫째로 떠오를 것 같다.

오늘날 우리는 환경위기 앞에 직면해 있다. 우리가 살고 있는 지구의 위기에 마주친 것이다. 법화경은 우리가 사는 세상을 불타는 집에 비유한다. 생사윤회의 근본은 탐욕에 있다고 한다. 탐욕이란 분수에 넘치는 욕심이다.

오늘날 지구 환경의 위기도 따져 보면 인간들의 끝없는 탐욕에 그 원인이 있다. 우리 삶의 터전인 이 지구는 우리보다 앞서 살다 가신 선조들이 물려준 소중한 자산이다.

그런데 우리 시대에 와서 너무 탐욕을 부리는 바람에 미래 세대의 몫까지도 현재의 우리가 빼앗아 쓰고 있는 실정이 되어 버렸다.

오늘 우리가 하루하루를 어떻게 사느냐에 따라서 우리의 미래는 밝을 수도 있고 어두워질 수도 있다. 지구환경의 위기 앞에서 순간순간 우리가 사는 모습에 의해 지구의 생존 여부가 달려 있는 것이다.

우리가 육식을 즐기는 잘못된 식습관 때문에 인간들이 동물들에게 가하는 행동은 너무 잔인하고 가혹하다. 동물들이 어떤 고통 속에서 살다가 죽어 가는지 생각해 봐야 한다. 우리 식탁에 오르는 소고기, 돼지고기, 닭고기 등을 대할 때 이 동물들이 어떤 고통 속에서 죽어 갔는지 생각해 봐야 한다.

지구상의 모든 생물은 서로 유기적으로 연결되어 상호작용을 한다. 이 세상은 우리의 필요를 위해서는 풍요롭지만 탐욕을 위해서는 궁핍한 것이다. 탐욕을 억제하려면 무엇보다도 소비를 줄여야 한다.

진정한 행복은 물질적인 것에 있지 않고 마음의 평화, 즉 정신적인 것에 있다. 어떠한 물질도 한때일 뿐 영원히 우리를 행복하게 해줄 수는 없다. 행복은 조화로운 삶이 있다. 넘치지도 모자라지도 않은 가장 알맞은 상태, 즉 자기 분수에 맞는 검소한 생활습관이 조화로운 삶을 이룬다.

우리가 보다 인간다운 삶을 이루려면 될 수 있으면 생활용품을 적게 사용하면서 간소하게 지내야 한다. 남 주기는 아깝고 놔두면 짐스러운 물건들이 얼마나 많은가.

한때 필요해서 샀지만 좀 지나면 시들해진다. 이런 물건 속에서 우리가 살고 있다. 보다 인간다운 삶이란 간소하게 살아야 한다. 그래야 정신이 덜 흐트러지고 소중한 줄 안다. 너무 흔해 빠지면 소중한 줄을 모른다.

우리가 사용하고 있는 모든 물건은 지구상에 한정된 자원에서 만들어진 것이다. 공장에서 기계와 기름과 전기와 화학약품으로 생산되기 때문에 과도한 소비는 반드시 자연의 훼손과 환경의 오염을 가져온다.

우리 삶의 터전인 지구환경을 위해서는 끝없는 욕구인 물질주의에서 벗어나 진정한 행복이 어디에 있는가를 각자의 삶에서 찾아내야 한다. 부처님의 지혜롭고 자비로운 가르침에 귀 기울이며 우리의 삶이 보다 인간다운 삶으로 자리 잡기를 희망한다.

두루미와 인간

 50, 60년 전만 해도 가을 추수가 끝난 들판에 황새나 백로, 두루미 등이 날아들어 벼 이삭이나 물고기 등을 잡아먹으며 겨울을 나가가 봄이면 어디론가 날아가는 철새들을 쉽게 볼 수 있었다.

 그러나 지금은 환경이 잘 보존된 비무장 지대나 일부 갯벌, 비무장 지대와 인접해 있으면서 두루미 보호협회 등을 조직해 지속적으로 철새들을 보호하며 먹이 주기 행사 등을 통해 관심을 기울이는 연천이나 철원평야 등 몇몇 곳을 제외하면 두루미를 볼 수 있는 곳은 매우 제한적이다.

 나 역시 철원에서 수십 년째 두루미에 관심을 갖고 먹이를 주며 그들을 사진에 담는 즐거움을 누리고 있다.

 인구의 폭발적 증가가 주원인으로, 풍부한 먹이 공급원이던 갯벌은 간척지로 메워지고, 식량을 더 쉽고 많이 생산하려고 사용하는 농약은 환경을 오염시켜 새들에게는 치명적인 결과로 이어져 이들의 개체 수 감소는 불 보듯 뻔한 안타까운 현실이 되고 말았다.

 두루미를 학鶴이라고도 하는데 흑두루미, 재두루미, 관학冠鶴 등 여

러 종이 있다. 그중에서도 우리가 흔히 알고 있는 흰색 몸통에 검은 꼬리, 정수리 부위가 빨간 학이 대표적일 것이다.

 오래 살고 싶은 인간의 욕망이 이들을 십장생으로 만들고 소나무와 달, 구름 등을 보태어 그린 그림이나 병풍을 많이 볼 수 있다. 80년 이상을 살 수도 있다는 청학靑鶴이 인간의 수명과 비슷하지만, 현실성보다는 신선이 타고 다녔다는 전설적 의미가 강하고 지리산 삼신봉 자락에 청학동이라는 마을이 자리한 것도 이와 무관하지 않으리라.

 학은 한번 짝을 맺으면 평생을 함께하며 새끼를 키우고 그 새끼들과 무리를 이루며 산다니 사람과 비슷하지만, 이런저런 이유로 해로하지 못하고 이혼하는 사람들이 부지기수인 요즘 세상살이를 보면 천년만년 변함없이 살아가는 학이 오히려 사람보다 훨씬 낫다는 생각도 든다.

 민속공연 중에는 학춤이란 것도 있는데 그만큼 학은 사람들에게 선망의 대상은 아니었을까? 신선과 함께 다니고, 장수를 염원하는 대상이고, 학 꿈을 꾸면 길몽이고, 고고한 학자에 비유되고, 흙탕물에서도 몸을 더럽히지 않는 깨끗함을 상징하는, 뭐 하나 흠잡을 데 없는 이 사랑스러운 두루미가 멸종을 염려해야 하는 천연기념물이 된 것은 인간의 욕망에서 비롯되었다고 본다.

 끝없는 인간적 욕망은 폭발적인 인구증가를 낳고 그 사람들을 살리기 위해 수많은 갯벌과 산림, 농경지 파괴로 이어지고, 재물에 대한 탐욕은 하늘을 뚫고 올라갈 듯 수많은 높은 건물과 공장이 들어서면서 화석연료의 사용이 많아져 재해를 불러오고 환경을 오염시킨다. 결국 인간의 지분이 이들의 지분을 빼앗아 감으로써 설 자리를 잃어 가고 있다.

그러나 아직 멸종된 것은 아니니 희망은 있다. 인간이 만든 많은 장애물을 제거하고 하루빨리 서식 환경을 개선해 주고, 지속적인 관심과 노력으로 이들의 삶을 방해하지 않는다면 옛날처럼 더 많은 두루미가 우리 곁으로 돌아오리라 믿는다.

그러나 이는 한 개인이나 소수 단체만의 지원이나 노력만으로는 부족하다. 국경 없이 날아다니는 철새들에게 한반도는 극히 일부에 지나지 않는다.

국가 차원에서 정책이나 국가와 국가 간의 협력을 통해 이들의 미래를 고민해야 할 때다. 파괴되고 사라진 이들의 풍요롭던 터전을 되돌려 주고 서서히 죽어 가고 있는 지구는 누구의 것도 아닌 모두의 것이라는 것을 자각할 때 인간과 자연이 함께 다시 살아날 수 있다고 본다.

인간의 끝없는 욕망은 자신뿐만 아니라 모두를 불행하게 한다는 것을 잊지 말자.

요즘 재물과 권력만을 탐하는 이들로 인해 자기 설 자리를 잃고 본의 아니게 역사의 뒤안길로 사라지는 훌륭한 분들을 보며 두루미의 멸종과 비견해 본다. 그 뒤안길로 떠나야 했던 분들도 다시 돌아오게 하는 살기 좋은 세상이 되길 기대해 본다.

달무리와 멍석

하늘에 닿을 듯 높이 올라간 마천루 건물들이 많은 도회지에서의 야경은 아름답다는 말보다 황홀하다는 표현이 어울릴 정도로 눈부시다. 집집이 밝히는 전등 불빛부터 수많은 조명, 깜빡이는 네온까지 도시 전체가 온통 빛의 향연이다.

해가 지고 밤이 돼도 시각만 밤일 뿐 낮과 다름이 없다. 자연히 어두움 속에서 잘 볼 수 있는 밤하늘의 별과 달의 모습은 일상에서 멀어질 수밖에 없다.

전깃불이 없던 농촌 풍경은 지금 생각하면 구석기시대나 다름없었다. 흐리거나 비 오는 밤이 아니면 방문만 열어도 수많은 밤하늘의 별이 반짝거리고 보름달이 뜨는 밤이면 온 세상이 낮처럼 밝았다.

달빛 주위에 둥그런 고리처럼 보이는 달무리가 생긴 날이면 어른들은 내일 비가 올 터니 대비를 하라고 하곤 했다.

시대가 흐름이 따라 지금은 거의 사라진 광경이지만 옛날 농촌에서는 추수한 벼나 보리, 고추, 콩, 깨 등등 말려야 하는 거의 모든 농작물은

짚으로 엮어 만든 멍석을 깔고 햇볕을 쬐었다. 일기예보도 없던 시절, 하늘을 보고 예측을 하였으나 달무리 현상이 일어나는 날이면 거의 틀리지 않고 비가 오고 겨울에는 눈이 내렸다.

갑작스럽게 소나기라도 오는 날이면 부랴부랴 비설거지를 한다고 부산을 떨기도 했다. 널려 있는 멍석을 반으로 접고 다시 반으로 접어, 지면에 사다리나 통나무 등으로 간격을 만들고 그 위에 차곡차곡 멍석을 쌓고 맨 위에 비가 새지 않도록 덮어 주면 되는데, 둘이 한 조가 돼야 할 수 있는 일이라 항상 대비해야만 좋은 상품을 만들 수 있었다.

지금은 태양미니 태양초니 해서 더 비싼 가격으로 팔리기도 하지만 그 시절엔 모두 햇볕에 건조했고 손도 참 많이 갔다. 일손이 부족하고 더 편하고 빠른 방법이 개발된 지금은 희귀한 일이 되었지만, 쌀밥도 옛날 맛이 아니고 고춧가루도 맛이 다르다.

농촌에서 흔하게 사용되던 멍석은 한 장 만드는 데만도 일주일씩이나 걸리는 쉽지 않은 작업이었지만 한번 만들어 놓으면 몇 년은 쓸 수 있었고 다용도로 활용할 수 있었다.

농한기였던 겨울에 마을 사람들이 모여 볏짚 하나로 멍석을 비롯해 가마니, 망태기, 새끼줄 등 여러 생활용품을 만들어 폐기물 걱정 없이 친환경적으로 이용했던 지난날의 지혜가 절실히 요구되는 요즘이다.

마당에 멍석 하나 깔아 놓고 모깃불을 피우면 이웃들이 찾아와 세상사는 이야기를 하는 소통의 장이 되었고, 잔치나 상喪을 당하는 큰일이 있을 때는 손님을 받고 식사도 할 수 있는 응접실 구실도 했다.

집이 가난해서 장판을 구하지 못하면 방에 깔고 그 위에서 잠을 자기도 했으니 거의 만능이었다. 하던 일도 멍석을 깔아 놓으면 못 한다는 말은 그만큼 멍석에서 하는 일이 많았기 때문은 아닐까?

일부 양반가에서는 하인들이 잘못하면 멍석에 둘둘 말아 곤장을 치는 '멍석말이'라는 일부 역기능도 있었으나, 멍석은 우리네 생활에서 없어서는 안 될 필수품으로 자리 잡았던 시절이 있었다.

요즘 농촌의 어디를 가도 논과 밭을 뒤덮고 있는 비닐은 사용의 편리함은 있겠으나 폐기물이 되면 처치 곤란한 애물단지가 되고, 화려하고 값비싼 양탄자는 생활용품으로 쓰기에는 부적합하니, 대대로 물려 오면서 만들어 쓰던 멍석은 얼마나 좋은 물건 중의 물건이었던가?

슈퍼컴퓨터만 있으면 일기예보 적중률을 훨씬 높일 것이라고 말하던 사람들은, 달무리나 하늘을 보고 경험에서 얻은 지식으로 날씨를 예상했던 우리 조상들보다 더 훌륭하다고 할 수 있을까?

예보가 아니라 실황중계를 한다는 비난을 받고 너무 잦은 오보에 기상청이 아니라 기절청, 사기청, 환장청이라고 비아냥거리기도 한다. 시대의 흐름을 역행할 수는 없겠지만 무조건 새것이 좋다는 생각은 버려야겠다.

'온고지신'이라는 말이 있듯 옛것에서 배워야 할 것은 있다. 버려야 할 것은 버려야 하겠지만 필요한 것까지 다 버리면 우리의 정체성마저 없어진다.

오늘의 나는 어제의 부모님한테서 왔고 내일의 자식으로 이어진다. 이제는 하늘에서 보기 어려워 잊히고 있는 달무리를 보니 멍석의 추억이 아련하다.

자연의 습격

 습격은 예고 없이 적을 쳐서 공격함을 이르는 말로 기습이나 기습공격과도 유사한 말이지만 공격 주체에 따라 쓰임을 달리할 때가 있다.
 인간 대 인간뿐만 아니라 동식물이나 곤충, 세균, 바이러스 등 다양한 분야에서 적용되는 단어이다. 어감에서 왠지 바르지 못하고 음陰하며 비겁하다고 느끼는 것은 인간의 역사에서 수없이 많은 전례가 있었기 때문은 아닐까?
 습격은 상대하기 벅차거나 대규모인 적을 소규모의 게릴라전이나 전면전으로 기습 공격함으로써 자신의 피해는 최소화하면서 상대에게 치명적인 타격을 입히거나 혼란을 일으켜 승리하겠다는 군대의 전략전술 중 하나로, 선전포고하고 정면 공격하는 것과는 대조되는 말이다. 가깝게는 1950년 6월 25일 새벽 4시 북한의 습격으로 발발한 한국전쟁에서 볼 수 있다.
 역사에 가정이 있을 수는 없지만, 북한이 '우리는 공산주의로 이 나라를 통일하려는데 너희는 민주주의를 고집하니 전쟁을 하려고 한다. 우리의 요구를 수용하든지 아니면 전쟁을 하자' 하면서 공격 개시일을 알려 주었다면 어떻게 되었을까? 자다가 봉창 두드리는 소리는 아닐지.

일본의 진주만 공격은 어떠한가? 김일성보다 9년 앞선 똑같은 방법으로 일요일 아침 하와이의 진주만을 선전포고도 없이 습격했다. 전날까지도 다른 협상을 하면서 철저히 미국을 속이고 습격해 불바다로 만들었지만 끝내는 승리하지 못했고 오히려 자신들의 본토가 원폭 두 방의 공중습격으로 불바다로 변해 항복함으로써 전쟁이 끝났다. 선전포고하고 시작했다면 4년이나 전쟁을 더 했을까?

상대적으로 전력이 약한 쪽이나, 이기기 위해 습격을 한다는 것은 수단과 방법을 가리지 않고 승리만 하면 된다는 인간의 욕심이 깔린, 어찌 보면 정정당당하지 못한 방법일 수도 있다. 어떠한 이유로도 전쟁은 정당화될 수는 없겠지만.

인간만 습격하는 것은 아니다. 아프리카에서는 사자가 마을을 습격해 사람을 죽였다느니 인도에서는 호랑이가 사람을 잡아먹었다느니 하는 소식도 들려온다. 또한 곤충도 인간을 습격한다.

아프리카에서 시작된 수천억 마리의 메뚜기 떼는 인간의 식량뿐 아니라 가축의 먹이까지 씨를 말리며 이동하는데 이들이 지나간 자리는 초토화된다고 한다.

바람을 타고 날아 이동하는 속도는 하루 최대 200㎞라고 하니 서울에 있던 메뚜기를 이틀 후면 부산에서 볼 수 있다는 이야기로 생각만 해도 끔찍한 일이다.

이것이 아프리카에만 국한된 것이 아니라 서남아시아로, 바다 건너 인도에서 중국까지 이동함으로써 이동 경로에 있는 나라들이 골머리를 앓고 있다. 빼앗긴 식량 대용으로, 지난날 우리가 논밭에서 메뚜기를 잡아 와 머리와 날개를 떼어 내고 기름에 튀겨 먹었듯 단백질을 보충하는 나라가 있는가 하면 통조림으로 만들어 수출도 하고, 수십 또는 수백만 마리의 닭과 오리를 풀어 잡아먹게 하는 나라도 있다고 한다.

서울에 거주하는 한 거사의 말에 의하면 지난해 국립공원 북한산에 전례 없이 많은 매미나방이 온 산을 뒤덮어 탐방객들에게 큰 불편을 주었다는데, 그 나방들이 낳아 놓은 알들이 깨어나는 올봄이면 나방 유충들이 나무들에게 어떤 피해를 줄지 걱정이 되지만 어떻게든 산림청에서 방제를 할 것으로 본다.

이렇듯 눈에 보이는 문제들은 비교적 해결 방법이 있기는 하지만 눈에 보이지 않는 세균, 특히 바이러스의 습격은 인류가 풀어야 할 숙제로 다가왔다.

몇 해 전에 치사율이 80~90%나 된다는 에볼라 바이러스가 아프리카에서 발생해 충격을 주었고, 아직 치료약이 개발되지 못한 상황에서 사스니, 메르스니 신종 독감이 계속 발병하더니 요즘은 전 세계적으로 코로나19라는 바이러스가 발생해 충격과 혼란을 주고 있다.

중국 우한에서 최초 발생했다는 것이 정설이고 박쥐 생체 실험실에서 유출된 바이러스라는 것이 속설이다.

중국과 교류가 많은 우리나라에서도 환자가 발생해 충격을 주고 있는

데 질병관리본부에서 비교적 초기 대응을 신속하게 함으로써 확진 환자가 발생하지 않은 날도 있었지만, 일부 비상식적인 한 종교 단체의 일탈로 일부 지역이 집단으로 감염돼 전 세계인의 기피 대상이 되었고, 환자 수도 기하급수적으로 늘어나 사망자도 발생했다.

심지어는 전 세계 거의 모든 국가에서 한국을 입국 금지국으로 지정해 경기 침몰과 함께 국가 비상사태까지 이르게 되었고, 밤낮으로 목숨을 걸고 바이러스와 싸우는 의료진과 방역을 하는 분들은 기약 없는 힘든 전쟁을 하고 있다.

이 나라가 종교의 자유가 있다 해도 비상시국에는 국가 시책이 우선순위에 있어야 하고 개인사는 잠시 뒤로 미루는 것이 함께 사는 사회 구성원으로서, 국민으로서 해야 할 도리이다.

자신들도 피해자라고 말하는 것은 국가 시책에 협조하고 사회적 일탈 없이 함께 노력했을 때의 일이다. 나 하나쯤은, 우리 하나쯤은 괜찮겠지라는 생각을 하는 순간 이미 가해자가 되고 수많은 사람에게 돌이킬 수 없는 고통을 준다는 사실을 알아차려야겠다.

지구의 온난화로 인한 급작스러운 기후변화가 주요 원인이라고 하지만 원인이 이 한 가지뿐이겠는가?

예의 거사의 이야기가 떠오른다. 국립공원에 입산 금지 표지판이 있으면 들어가면 안 된다. 그런데 이를 어긴 한 기독교인이 오히려 "국가와 민족을 위해 기도하러 왔는데 왜 단속하느냐?"고 따지자, 국립공원공단 직원이 "기도하는 것은 자유지만 국가와 민족을 위해 자연공원법

(제28조) 위반으로 과태료를 발부하겠습니다"라고 했다던 우문현답을 언제까지 계속할 것인가?

  나 하나, 우리 가족이 좀 불편해도 우주 전체를 위해 참자. 참는 자에게 복이 있다는데 그것을 왜 못 참는가. 이 또한 지나가리니.

살기 좋은 나라

우리나라는 예로부터 산천경개가 아름다워 '삼천리금수강산'이라 불렸고 외국인의 눈에 비친 모습도 그러해 '고요한 아침의 나라'로 알려지기도 했다. 내가 기억하는 우리나라도 최근 대기 오염 물질과 미세먼지가 덮쳐 오기 전까지는 아름다웠다.

요즘은 먹을거리가 차고 넘쳐 밥을 굶는 사람이 없다고 하지만 산업발달이 본격적으로 시작되기 이전인 50, 60년 전에는 1차 생산물인 농·축·수산물 외에 2, 3차 가공식품들은 거의 없었을 뿐 아니라 식량도 턱없이 부족해 보릿고개라는 말이 오래도록 자리를 차지하기도 했다.

봄이 되어 먹을거리를 찾아 산으로 들로 나가면 움직여 고생한 만큼의 보상이 주어진다. 냉이나 달래, 쑥, 씀바귀 등은 지천으로 널려 있고 초등학교에 다니던 아이들도 칡을 캐기 위해 삽과 곡괭이를 들고 야트막한 산을 누비고 다녔다. 진달래꽃도 따 먹고 아카시아꽃도 따 먹었다.

굵게 올라오는 찔레순의 껍질을 벗겨 먹으면 들척지근한 맛이 나는 것이 갈증도 배고픔도 해결해 주었다. 산과 들에서 나는 먹을 수 있는 모든 것은 식량을 대신했다.

신라시대 불교 유물의 보고寶庫인 경주 남산을 비롯해 경주 전체가 노천 박물관이듯 그때의 들판은 노천 식당이라 할 만했다. 비록 먹을 것이 부족해 모두 힘들게 살던 시절이었으나 사계절이 뚜렷하고 공기와 물은 깨끗했다.

냇가나 강가 어디를 가더라도 멱을 감을 수 있었고 발가벗고도 즐겁게 놀 수 있던 동무도 많았다. 그만큼 세상이 단순하고 순수했는지도 모른다.

가끔 텔레비전을 보면 먹는 방송이 왜 그다지도 많은 것인지. 음식을 만드는 것은 그나마 애교로 보아 넘길 수도 있지만 죽을 둥 살 둥 먹어 대는 모습은 아무리 먹거리가 많은 시대라 해도 눈에 거슬린다. 출연자는 살기 위한 만큼만 먹어도 될 것을 먹기 위해 사는 것처럼 목숨을 걸고, 방송국은 재미랍시고 이를 부추긴다.

살림살이가 많이 좋아져서겠지만 등산 인구도 폭발적으로 늘어나 이름난 산 어디를 가도 사람들로 넘쳐 난다. 국토의 70%를 산이 차지하며, 수도권 주위의 명산들은 외국인들의 한없는 부러움을 산다.

전철로 30분만 가면 못 가는 산이 없고 서울 북쪽의 북한산·도봉산, 동쪽으로 불암산·수락산, 남쪽으로 관악산·청계산 등 서울을 둘러싼 산들은 남녀노소 누구라도 쉽게 갈 수 있으니 이런 복 받은 나라가 어디에 있냐는 것이다. 친한 사람이나 동호회원끼리 함께 건강을 위해 등산하고 친목을 다지고 스트레스도 풀 수 있는 산이 곁이 있으니 부러워하는 것은 당연한지도 모르겠다.

　안타까운 것은 어쩌다 한 번쯤은 맑고 깨끗한 공기를 볼 수 있지만, 해를 거듭할수록 멀지 않은 앞산조차 희뿌연 먼지로 덮여 눈이 따갑고 가슴이 답답할 정도로 대기가 오염돼 가고 있다는 것이다. 불과 수십 년 전만 해도 생각지도 못한 일들이 현실이 되어 살기 힘들게 하고 있다.

　지진이나 해일, 태풍, 화산 등 자연재해가 많은 일본이 우리나라보다 살기 좋은 나라 순위 위에 있다는 것은 이해하기 어렵다. 여러 가지를 종합해 매긴 순위라니 그런가 보다 해도 나더러 두 나라 중 어디서 살겠는가 물으면 백 번이면 백 번 모두 대한민국을 선택할 것이다.

　섬나라이고 중국으로부터 비교적 멀리 떨어져 있어 지금 당장 대기의 질은 우리보다 좋을지 몰라도 섬나라의 한계가 있다. 그 한계를 극복하려고 끊임없이 대륙을 향해 전쟁을 일으키고, 이웃해 있는 우리나라는 700여 회가 넘는 침략을 당하지 않았던가. 내가 사는 집도 이웃을 잘 만나야 싸우지 않고 사이좋게 지내듯 나라도 마찬가지다.

　지금 중국도 시대에 따라 나라 이름만 바뀌었지, 역사가 기록된 삼국시대부터 얼마나 많이 우리나라를 침략했던가? 이름도 흉한 흉노족부터 돌궐, 거란, 동고, 수나라, 당나라 등등 시대를 불문하고 수많은 침략으로 우리 강산이 피폐해진 적이 한두 번이 아니다. 원수도 이런 철천지원수가 없다. 남쪽 왜구의 침략으로 왕이 북쪽으로 피난 가고 북쪽 몽고의 침공으로는 바다 건너 강화도로 옮기는 비극도 겪었다.

　우리나라가 이렇게 헤아리기 어려울 정도로 이웃 나라로부터 침략을 당했다는 것은 역설적으로 그만큼 살기 좋은 나라여서 탐을 냈던 것이고, 또 이런 모든 어려움을 극복하고 오늘에 이르렀다는 것은 우리 민족이 우수하다는 증거이기도 하다.

오늘날 중국으로부터 오염 물질이 날아들고 일본으로부터는 방사능의 위협이 계속되고 있어 점점 살기 힘든 상황에 부닥치고 있지만, 조상들이 그랬던 것처럼 시련은 있어도 살기 좋은 나라로 만드는 것을 포기할 수는 없다.

지금도 세계 200여 개 나라 중 상위 10% 안에 들기는 하지만 최고로 살기 좋은 나라를 만들어 후손에게 물려주는 것이 이 시대를 살아가는 우리가 고민하고 해결해야 할 최대의 과제이다.

세 부류의 인간

　개화산 도피안사에서 산 지 30년이 다 되어 간다. 매서운 겨울을 지내 보지 못한 사람은 봄바람의 훈훈함을 느낄 수 없으리라.
　설악산 신흥사에서 추운 겨울과 같은 행자시절을 가치고 계를 받고 강원에 가고자 했으나 은사 스님께서 아주 편찮으셔서 포기하고 재무를 맡아 절 살림을 살기 시작했다. 행자 때 따뜻한 성품의 은사 스님을 만나지 못했더라면 지금 도피안사에서 복된 출가자로 살기 어려웠을 것이다.
　은사스님은 누구에게도 모질게 말하는 법이 없었고, 남이 가슴 아파하는 것을 눈으로 보지 못했다. 행동과 말씀이 언제 누구에게나 한결같이 자애로웠는데, 그 바탕에는 정의감이 깔려 있었다. 그래서인지 은사스님은 불의不義를 그냥 지나치지 않고 반드시 바로잡고자 정면으로 맞서곤 하셨다.
　그때 신흥사에서 은사스님을 시봉하면서 작은 불씨처럼 가슴속에 살아남은 게 있었다. 오욕칠정五慾七情에 사로잡혀 사는 세속을 떠나왔으니 어떻게 사는 게 부처님의 법대로 사는 것일까, 은사스님과 같이 불

의에 맞서 정의를 지켜야 하나, 그렇다면 그것은 부처님의 대자대비大慈大悲로 사는 것인가? 이러한 의식은 화두가 되었고 승려로서 살아갈 방향이 되었다.

출가 전에 나는 영화광이었다고 해도 과언이 아닐 정도로 영화 보기를 즐겼다. 특히 니코스 카잔차키스의 소설이 원작인 〈희랍인 조르바〉에서 이 세상에 태어난 인간은 세 부류로 살아간다는 대목은 매우 인상적이었다.

첫 번째 부류는 주어진 인생을 먹고 마시고 돈 벌고 명예를 좇고 삶의 목표가 주어진 인생을 오욕칠정으로 살아가는 사람이다. 말하자면, 이들은 오욕(재물욕, 색욕, 식욕, 명예욕, 수면욕)이 바탕이 되어 살아간다는 것이다. 물질적 육체를 살아가는 중생은 또한 칠정(희노애락애오욕 喜怒哀樂愛惡慾)이 범벅되어 살아간다.

즉, 어느 순간에는 이뻐하다가 어느 순간에는 증오하고, 어느 순간에는 싫어하다가 어느 순간에는 좋아하면서 관계 속에서 파도를 타고 살아간다. 사랑이 주어지면서 동시에 미움과 분노와 힘든 질곡이 주어지는 것처럼 보통의 사람은 이렇듯 오욕칠정으로 살아간다. 스스로 몸이 조정이 되지 않음으로써 겪는 고통을 안고 살아가는 것이다.

두 번째 부류는 자기에게 주어진 삶보다 인류의 삶에 관심이 더 많은 사람이다. 즉, 인류가 어떻게 함께 진화하고 같이 공생하며, 그들의 삶을 함께 아파하고 그들과 같이 나눌 것인가에, 내 삶보다 다른 사람의 삶, 인류의 삶에 더 관심이 더 있는 사람들이다.

자기 삶보다 인류의 삶의 진화와 성장을 위해서 자기의 전 생애를 바칠 수 있는 사람들이라는 것이다.

세 번째 부류의 사람은 온 우주의 삶을 목표로 하는 사람들이다. 실제로 날만 새면 멸종위기에 있으며, 멸종하고 있는 생명체가 수없이 많다고 한다. 아주 짧은 시간에 멸종하고 있다. 하나의 생명이 멸종하는 순간에 바로 한 우주를 상실하는 것이다.

이들이 멸종하는 이유는 인간의 삶을 더 좋게 만들어 가다 보니 다른 생명이 죽어 나가는 데는 관심이 없기 때문이다.

이 세 번째 부류의 인간은 전 우주의 삶을 목표로 하므로 인간의 삶뿐만 아니라 동물도, 나무도, 별도, 개미 한 마리조차도 어떤 생명 하나도 소홀하지 않고 다 자비의 눈으로 가엾게 바라보는 사람들이다. 이게 바로 부처님의, 불교의 생명존중 사상이다.

붓다와 같이 전 인류의 삶을 목표로 하는, 세상에 살아 있는 모든 생명체, 동물, 산, 허공, 하늘, 바람, 햇빛, 하늘의 별 등 그 모든 것 안에서 함께 살아 숨 쉬는 종류들의 삶까지 이들의 삶이 모두 다 온전한 삶을 살 수 있도록 깨달음을 얻는 것, 이게 바로 붓다의 삶이고 붓다 한 분이 인류에 존재하는 것만으로도 부처님이 왜 그토록 위대한가를 알 수 있다.

한 사람 한 사람이 자기에게 주어진 삶 속에서 어떻게 진실하게 살아가고 어떻게 정직하게 살아가며 자신의 삶에 최선을 다할 것인가, 자신의 삶을 평화롭게 살아갈 것인가 하는 것이 불교의 목표이다.

나에게 허락된 삶을 살고 적어도 우리는 어떻게 나누며 살 것인가를 고민하며, 소모하고 낭비하며 살 것이 아니라 사는 날까지 오직 부처님을 생각하고 가슴속에는 부처님의 자비심이 가득하도록 노력하고 가는 곳곳마다 연꽃이 피어나는 행동을 하는 것, 신구의身口意 삼업三業을 청정하게 하는 불제자로 살아가는 데에 남은 시간을 전부 바치겠다고 다짐하고 실천하는 사람들이 이 세 번째 부류의 인간이다.

몇 년 전부터 철원지역 일대에서 생명 나눔 차원의 생명문화재를 지키기 위해 진행해 오고 있는 행사는 이러한 불교사상이 그 바탕에 깔려있다.

강원도 철원군 철원읍 이길리 '철새도래지'는 매년 수많은 겨울 철새들이 월동하는 장소로서 1973년 7월 10일에 천연기념물 제245호로 지정되었다.

철원평야는 역진강과 한탄강의 하천 유역을 따라 형성된 구릉지대로, 화산활동에 의해 형성되었다. 많은 철새가 이 지역을 월동장소로 이용하는 중요한 이유는 겨울에도 땅속에서 따뜻한 물이 분출되어 얼지 않으므로 먹이를 구하기 쉽기 때문이다.

철원평야는 민간인 통제구역으로 지정되어 1970년대까지 민간의 침입이 없었기 때문에 이 지역 일대는 초지와 관목으로 변화하였다. 철원평야의 북부지역은 다양한 초지 군락이 있고, 특히 늪이 발달해 있어 철새들에게 중요한 취식지와 휴식처를 제공한다. 민통선 내의 강과 저수지는 사람의 출입이 금지되어 천적의 방해 요인이 적어 철새들이 안심하고 휴식을 취할 수 있는 장소이다.

철원평야에서 월동하는 주요 조류로는 독수리(멸종위기Ⅱ급, 천연기념물 제243-1호) 두루미(멸종위기Ⅰ급, 천연기념물 제202호), 재두루미(멸종위기Ⅱ급, 천연기념물 제203호) 등이다. 철원평야에서 수확 과정에 발생한 떨어진 곡식 약 1,000t은 두루미류의 중요한 먹이원이 된다.

갈말읍 군탄리 인근의 철원 축협 주변은 독수리와 흰꼬리수리는 물론 참수리의 서식지로 이용되고 있는데, 이는 사람들이 제공하는 먹이를 구할 수 있기 때문이다. 동송읍 양지리의 토교저수지에서는 오리류, 기러기류, 재두루미 및 독수리 등이 관찰된다. 아이스크림 고지 및 샘통 주변에서는 두루미와 재두루미가 많이 관찰되며 멧새류와 맹금류 등도 이동 중에 관찰할 수 있다.

보통 가을철인 9월 중순부터 10월 중순까지 촉새, 검은머리촉새, 흰배멧새, 꼬까참새 등의 멧새류가 대규모로 찾아온다. 이들은 시베리아에서 번식하고 월동을 위하여 동남아시아로 이동하던 중 철원평야에 잠시 중간 기착하여 취식 및 휴식을 한다. 이 지역의 경작지에는 농약을 사용하지 않아 다양한 메뚜기류가 많이 관찰되는데 이들은 멧새류의 주요한 먹이원이 된다.

이처럼 철원 도피안사 주변에는 철새들이 많이 서식하고 있다. 철원은 겨울이 되면 폭설이 많이 내리기 때문에 겨울 철새들이 먹이 부족 현상을 겪고 있다.

도피안사에서는 매년 겨울철마다 철새들에게 먹이를 나눠 주고 있는데, '생명문화제'를 열어 우리나라 최전방인 서식지를 자연 그대로 보존하고 더는 훼손이 없도록 지역 주민과 함께 지켜 나가는 것이 앞으로의 과제이며 목표이다.

최근에는 탐조가와 조류애호가들의 무절제한 탐방으로 두루미류의 월동지가 위협받고 있으며, 이로 인해 두루미류는 물론 월동 조류들의 개체 수가 감소하고 있으므로 이에 대한 적절한 통제가 필요한 시점이다.

생명 사랑

지금 지구촌은 전체가 안전하지 않다. 세상에 존재하는 모든 것은 영원하지 않다. 우리 육신 또한 영원하지 않다. 우리 눈앞에서 역사와 전통을 자랑하는 것들이, 문화유산이, 생명체들이 사라지는 순간 그 상실감은 이루 말할 수 없다.

도피안사 주변에는 수많은 생명들이 공존해 살고 있다. 아주 작은 생명체까지도 이 세상에 존재하는 모든 생명은 스승 아닌 것이 없다.

생명체 하나하나가 우리에게 어떤 메시지를 주는지, 어떤 것을 교감할 수 있는지 계절이 바뀔 때마다 그 생명의 신비와 신선함에 그저 감탄이 절로 나온다.

도피안사 대적광전의 비로자나 부처님을 우러러보는 것뿐 아니라 법당을 기어 다니는 아주 작은 생명체마저도 나를 비춰 주는 거울이 된다. 생명 있는 것은 무정물이든 유정물이든 서로가 서로에게 비춰 주는 등불이 된다.

법당에 계신 비로자나 부처님은 바닥을 기어가고 있는 벌레가 될 수

없고 법당 바닥에 붙어 있는 벌레 또한 부처가 될 수 없듯이 '나'는 내 모습이 아닌 다른 모습일 수 없다.

지금 전 세계에서 벌어지고 있는 코로나19의 습격은 이미 예고되고 있었는지도 모른다. 코로나19 바이러스의 근본적인 원인이 두엇인지, 과학적으로 아직 확실히 밝혀지지 않았다고 한다.

그런데 그동안 우리가 저지른 일을 돌아보건대 짐작할 수 있는 것이, 꼭 이 코로나19 바이러스가 아니더라도 돼지 독감이나 조류 독감 그리고 거의 매해 수도 없이 전염병으로 잔인하게 살처분한 닭·오리·돼지·소들을 생각하면, 이제는 우리 인간의 차례가 왔구나 하는 생각이 든다.

바이러스가 우리 인간을 침범한 것이다. 그 바이러스는 원래 동물의 몸에 있었던 것이다. 왜 동물의 몸에 있던 바이러스가 인간에게 넘어왔을까.

지구 온난화의 심각성과 그 주된 원인이 공장식 축산이라는 것을 아무리 유엔 농림부에서 발표해도, 비위생적인 도축과 야생동물 포획이 지극히 위험하다고 해도, 우리 인간들의 어리석음은 오늘도 별난 음식을 찾고, 혀의 즐거움을 찾아 치킨과 고기를 탐닉할 것이다. 이런 탐닉이 끝나지 않는 한은 그런 어리석은 탐닉이 몰고 온 과보를 피하기 힘들 것이다.

단 한 번만이라도 내 입에 들어가는 고기가 한 생명의 살점이었고, 그 생명들이 어떻게 비참하게 살다가 얼마나 잔인하게 또 비위생적으로 도축되었는지를 알고 본다면, 우리들은 깊이 반성하고 지금 이 순간 자신의 건강이나 섭생에도 관심을 기울일 수 있다.

하지만, 대부분의 사람들은 혀의 즐거움과 동물성 단백질 신화라는 사견邪見 앞에 불편한 진실을 외면한다. 이런 외면이 계속되는 한은 위대한 자연의 역공은 코로나19 바이러스의 위력을 훨씬 뛰어 넘어설 것이다.

우리 인간만의 안위를 위해서 아파트를 짓고 도로를 포장하고 산을 깎아서 골프장을 세운 숲과 산과 들판은 동물들의 소중한 터전이었다.

앞으로 인간을 위한 자연 파괴행위를 멈추지 않는 한 이런 감염병은 계속될 것이다. 종種을 넘어서 감염은 멈추지 않을 것이다. 이에 대한 철저한 대비는 자연을 보호하고 나와 만나는 모든 생명은 땅에 기어서 다니는 아주 작은 미물이라도 소중히 보살피는 것이다.

그래서 오늘도 부처님 앞에 참회한다. 그리고 탐닉과 방관과 외면으로 점철된 이 욕계, 즉 우리가 아무렇지도 않게 하는 모든 부주의한 행동엔 그에 상응하는 과보가 따른다는 인과因果에 무지한 이 욕계에 다시는 돌아오지 않겠다는 발원을 한다.

어떤 종이든 다시 태어날 일을 하지 않으면 윤회가 끊어지듯이 우리는 얼마든지 죄를 지을 수 있지만, 죄 지을 수 있는 순간에 죄를 안 짓는 것도 할 수 있다. 또 마음먹기에 따라 화가 나서 욕설을 할 수 있지만 안 하는 것 또한 할 수 있다.

우리는 할 수 있는 의지만 있는 게 아니라 안 할 수 있는 의지도 있다. 하고 싶은 대로 내지르는 것은 중생노름이지만, 하고 싶지만 안 할 수 있는 금강처럼 잘라 버릴 수 있는 능력도 우리에게는 있다.

도피안사는 쿠처님의 화엄 세계가 계절마다 색다르게 펼쳐진다. 우리 눈앞에 눈부시게 펼쳐졌던 봄날은 어느덧 가고 꽃들은 지는 가운데 연두색이 돋아나고 있다.

저 연두색 하나하나가 돋아나고 여름에 태양이 강렬해지면 그 잎사귀들은 더 커지고 짙어질 것이다. 또한 숲의 나무들은 태풍이 오건, 비바람이 불건, 툭이 나건, 어떤 재난이 오더라도 스스로 할 일을 한 번도 늦춘 적이 없다.

그들은 누군가에게 원망한 적도 없다. 그저 자기에게 주어진 일을 묵묵히 하고 있다. 바로 눈앞에 보이는 저 나무 한 그루 한 그루가 우리 인간에게 공양을 올리는 성스러운 보살인 것이다.

나무 한 그루 한 그루가 숲에 서서 잎사귀를 돋아나게 하며 우리의 눈을 시원하게 해주고 산소를 뿜어내 주고 우리가 숨 쉴 수 있도록 끊임없이 우리에게 공양하고 있는 것이다.

온 지구상에 있는 공기와 나무와 꽃들이 공양 올리는 세상 속에서 더 욕심을 부리고 가진 게 없다고 말하는 게 우리 스스로의 추태 아닌가. 더 나은 인생은 어떻게 사는 것인지 생각해 볼 일이다.

도피안사와 나룻배

오랜 세월이 흘렀어도 여전히 맑은 새벽빛을 따라 도피안사를 감싸고 있는 화개산으로 오르는 오솔길에 낙엽이 쌓이고 더적광전을 꿋꿋이 지키고 있는 느티나무에 하얗게 얼음꽃이 피는 계절이 오면, 애송하는 시를 읽는다.

나는 나룻배
당신은 행인.

당신은 흙발로 나를 짓밟습니다.
나는 당신을 안고 물을 건너갑니다.
나는 당신을 안으면 깊으나 얕으나 급한 여울이나 건너갑니다.

만일 당신이 아니 오시면 나는 바람을 쐬고 눈비를 맞으며 밤에서 낮까지 당신을 기다리고 있습니다.
당신은 물만 건너면 나를 돌아보지도 않고 가십니다그려.
그러나 당신이 언제든지 오실 줄만은 알아요.
나는 당신을 기다리면서 날마다 날마다 낡아갑니다.

나는 나룻배
당신은 행인.

한용운의 〈나룻배와 행인〉이라는 시이다. 이 시에서 '나룻배와 행인'은 바라밀婆羅蜜을 시어로 표현한 것인데, 열반涅槃에 이르고자 하는 보살의 수행을 말한다.

바라밀은 산스크리트어 빠라미따(pāramitā)를 음에 따라 번역한 것으로, 완전한 상태·구극究極의 상태·최고의 상태를 뜻한다. 따라서 바라밀은 미망과 생사의 차안(此岸: 이 언덕)에서 해탈과 열반의 피안(波岸: 저 언덕)에 이르는 것이며, 또한 이를 위해 보살이 닦는 덕목·수행·실천을 의미한다.

이러한 이유로 바라밀은 뜻에 따라 번역하여 도피안到波岸 또는 도度라고도 한다. 도피안(피안에 이르다)은 열반이라는 이상적인 상태로 들어가는 것을 의미하며, 도는 현실의 차안此岸에서 이상적인 상태인 피안彼岸으로 사람들을 넘기기 위한 덕목·수행 또는 실천이라는 의미이다.

도피안사到彼岸寺 절 이름을 보면 도피안到彼岸 또한 피안에 이르다의 의미로 완성하는 것을 말하고 바라밀과 같은 의미로 열반에 이르고자 하는 보살의 수행을 말하며, 태어나고 죽는 현실의 괴로움에서 벗어나 번뇌와 고통이 없는 피안의 세계로 건너가게 한다는 뜻이 담겨 있다.

중생은 보살을 있게 하는 원천이다. 피안으로 건너게 해줄 중생이 없다면 어찌 보살 대행이 있을 수 있으랴. 따라서 이 덕행으로 인해 능히 한없이 넓고도 먼 온갖 세속사에서 중생을 제도할 수 있는 것이다.

지심귀명례 삼계도사 사생자부 시아본사 석가모니불 지심귀명례 시방삼세 제망찰해 상주일체 불타야중…
유원 무진삼보 대자대비 수아정례 명훈가피력 원공법계 제중생 자타일시 성불도

삽십여 년 전 도피안사 겨울의 새벽예불은 장엄함 속에 밀려왔던 굳은 결의를 토해 내듯 그 어떤 소리보다도 영혼을 맑히는 것이었다. 무릎 꿇고 절을 올리는 예불의 환희로움은 지금도 말로는 표현할 수 없는 법희法喜와 내 출가의 길을 밝혀 주고 있다.

오늘도 도피안사에 오시는 모든 신도들이 보시 · 지계 · 인욕 · 정진 · 선정 · 지혜의 6바라밀 수행을 통해 도피안사를 나룻배로 삼고 불자 아닌 사람들마저 행인으로 여기어 함께 피안에 이르는 수행자로 거듭나기를 염원한다.

무상 無常

그대는 깊은 산속 문을 닫아걸고
오로지 간개 풍경에 취하여 온종일 보낸다.
산 아랫마을 풍진도 숲속 정자까지 이르지 못하니
숲의 청량한 바람은 무상한 상전벽해어
백발만 늘리어간다.